나뭇잎 수업

나뭇잎 수업
사계절 나뭇잎 투쟁기

고규홍

마음산책

나뭇잎 수업
사계절 나뭇잎 투쟁기

1판 1쇄 발행 2022년 2월 25일
1판 4쇄 발행 2024년 4월 15일

지은이 | 고규홍
펴낸이 | 정은숙
펴낸곳 | 마음산책

편집 | 성혜현·박선우·김수경·나한비·이동근
디자인 | 최정윤·오세라·한우리
마케팅 | 권혁준·김은비·최예린
경영지원 | 박지혜

등록 | 2000년 7월 28일(제2000-000237호)
주소 | (우 04043) 서울시 마포구 잔다리로3안길 20
전화 | 대표 362-1452 편집 362-1451   팩스 | 362-1455
홈페이지 | www.maumsan.com
블로그 | blog.naver.com/maumsanchaek
트위터 | twitter.com/maumsanchaek
페이스북 | facebook.com/maumsan
인스타그램 | instagram.com/maumsanchaek
전자우편 | maum@maumsan.com

ISBN 978-89-6090-726-3 03480

* 책값은 뒤표지에 있습니다.

잎은 식물의 생존 과정에서 가장 중요한 부분입니다.
스스로 자랄 수 있는 양분을 생산하는 조직이니까요.
잎에는 식물의 중요한 특징이 들어 있습니다.
그래서 잎의 관찰에는 다른 어느 부분보다 세심한 태도가 필요합니다.
그야말로 오래 자세히 바라보아야 합니다.

책머리에

나뭇잎 한 장에서
생명의 진화를 읽어내기까지

살아 있는 모든 생명은 움직입니다. 잠시도 멈추지 않지요. 생명의 원리니까요. 나무도 살아 있는 한 끊임없이 움직입니다. 바람 불면 나뭇가지가 흔들리고, 나뭇잎은 팔랑거립니다. 바람결 따라 흩날리는 수동적 반응이 아닙니다. 가지를 부러뜨리고, 잎을 떨궈낼 만큼 맵차게 불어오는 바람에 맞서기 위해 나무는 나뭇가지도 나뭇잎도 흔듭니다. 바람을 향한 모진 저항이고, 살아남기 위한 안간힘인 거죠. 사람의 눈에 들어오지 않는 나무의 생존 전략입니다.

나무를 바라보면서, 나뭇잎에 담긴 생명의 비밀, 혹은 생명의 원리를 찾아보려 애썼습니다. 나뭇잎은 이 땅의 모든 생명들이 살아갈 에너지를 지어내는 생명의 창입니다. 태양의 빛에너지를 받아들여 다른 생명이 살아갈 에너지를 만드는 건 오로지 나뭇잎뿐입니다. 나뭇잎 아니고는 애당초 이 땅의 어떤 생명도 가능하지 않았겠지요. 처음부터 지금까지 모든 생명은 나뭇잎에 기대어 살아야 합니다. 광합성이 그것이지요. 세상의 모든 생명체가 할 수 있는 가장 신비로우며, 가장 위대한 운동, 나뭇잎만이 할 수 있는 장엄한 활동입니다. 다양한 나뭇잎 활동의 결과로 다른 생명체들은 지금 이 순간에도 먹이를 얻어내고, 병든 몸을 치료할 약을 얻습니다. 더불어 광합성은 우리의 하늘을 더 푸르고 아름답게 했습니다. 나뭇잎이 아니라면 아름다운 하늘도, 먹을거리도, 약재도 얻을 수 없었을 겁니다.

대가 없이 이어가는 나뭇잎의 생명 활동을 바탕으로 세상의 모든 생명이 살아갑니다. 가만히 나무 그늘에 들어 고개를 꺾어 들고 찬란한 햇살이 비치는 나뭇잎을 바라보게 된 이유입니다. 나뭇잎 위에 어지러이 흩어진 실핏줄 같은 잎맥을 하나둘 짚어보는 건 나뭇잎의 생명을 느끼는 일이었습니다. 손목 위에 손가락을 가만히 얹어놓고 팔딱거리는 혈관의 움직임을 통해 피부 안쪽에 퍼져 있는 가느다란 실핏줄의 약동을 느끼는 일과 다르지 않았습니다. 나무가 살아 있다는 걸 절절히 느끼는 순간이었지요.

다양한 종류의 나뭇잎을 자세히 살필 수 있었던 건 천리포수목원이 있어서 가능했습니다. 돌아가신 설립자와의 인연으로 편안하게 들락거릴 수 있는 수목원의 아름다운 숲은 나뭇잎이 보여주는 별천지를 한껏 살필 수 있는 관찰실이었습니다. 우리나라에 자생하는 나무를 포함해 1만 8천여 종류의 식물을 살펴볼 수 있는 천리포수목원에서 나뭇잎들을 신명나게 바라볼 수 있었지요. 듣도 보도 못했던 특별한 나뭇잎은 물론이고, 품종별로 다양한 나뭇잎을 고루 살펴볼 수 있는 천리포의 숲에서 나뭇잎을 관찰하는 일은 행복했습니다. 『나뭇잎 수업』에 천리포수목원의 나뭇잎이 자주 등장하는 이유입니다.

얼핏 보아 비슷해 보이는 나뭇잎들 사이에서 미묘한 차이를 발견하는 일은 언제나 흥미로운 관찰입니다. 수목원에서의 나뭇잎 관찰은 우리 산과 들에서의 관찰로 이어졌지요. 식물도감의 설명을 꼼꼼히 외웠다 해도 현장에서 나뭇잎을 관찰하고 나무 종류를 가늠하는 일은 일쑤 아리송했어요. 꽃도 열매도 없는 나무를 잎만으로 구별하는 일이 고통스러울 때도 적지 않았고요. 특히 참나무 종류의 나뭇잎을 구별하는 일은 그랬습니다. 현장에서 나뭇잎의 크기와 모양을 살펴본다 한들 수학 문제 풀듯 딱 떨어지게 종류를 맞히긴 힘들었으니까요.

하지만 그래서 나뭇잎 관찰은 중단할 수 없는 공부가 됐습니다. 책갈피에 끼워 넣은 나뭇잎 한 잎을 책상 위에 꺼내 놓고 들여다보면서, 광합성의 원리를 생각했고, 광합성이 시작된 생명의 역사를 톺아보다가 마침내 지금 우리네 삶을 옥죄는 '거리두기'가 나뭇잎의 삶과도 닮아 있다는 생각에 이르렀습니다. 나뭇잎에는 생명의 시작에서부터 지금 이 순간에 이르기까지 생명이 생명답게 살아갈 수 있는 모든 원리와 지혜가 담겨 있다는 걸 하나둘 알아챘습니다. 시아노박테리아라는 생명 진화 초기의 생물체로까지 거슬러 올라가는 나뭇잎에 대한 탐험은 나무를 사랑하는, 혹은 자연을 사랑하는 모든 사람들과 함께 나누고 싶은 이야기들입니다. 한 잎 한 잎 나뭇잎에 담긴 생명의 이야기를 천천히 찍어 눌렀습니다.

다시 바람 불어오고, 나뭇잎은 한들한들 춤춥니다. 바람이 나무를 춤추게 하는 것인지, 나무가 바람을 불러온 건지, 그 답의 실마리를 함께 찾아볼 시간입니다. 거기에 생명 진화의 역사가 담겨 있습니다. 나무가 그냥 나무가 아니라, 우리 생명을 가능하게 한 근원임을 한 장의 나뭇잎을 통해 떠올릴 수 있다면 정말 좋겠습니다.

2022년 2월
고규홍

차례

책머리에 | 나뭇잎 한 장에서 생명의 진화를 읽어내기까지 **6**

1. 나뭇잎의 사계절 생활

바람이 없어도 잎은 움직일까? **17**

봄, 잎 색깔의 마술쇼 **26**

한여름에도 연잎이 젖지 않는 이유 **33**

식물이 살아가는 원동력, 광합성 **43**

초록은 동색일까? **50**

꽃이 먼저 필까, 잎이 먼저 필까? **56**

가을의 색, 단풍 **64**

낙엽은 나무의 월동 준비 **71**

한겨울에도 단풍 든 나무가 있다? **80**

플라타너스는 24시간 공기정화 중 **87**

나뭇잎이 돌아가는 곳 **95**

이야기 속 나뭇잎 1
나무 이름은 어떻게 지을까? 비자나무·팔손이 **102**

2. 나뭇잎 자세히 보기

300년 된 느티나무는 잎이 몇 장일까? **111**

나무 관찰의 첫걸음, 잎의 구조 **119**

세상에서 가장 잎이 큰 식물 **129**

나뭇가지 한가운데, 꽃이 피다 137

잎이 나는 방식 144

잎사귀의 다채로운 무늬 153

잎의 가장자리는 모두 다르다 164

붉은 잎, 노란 잎도 바탕은 초록 174

침엽수도 잎이 떨어진다? 181

가시도 잎이라면 190

이야기 속 나뭇잎 2
나무에도 국적이 있을까? 가이즈카향나무 197

이야기 속 나뭇잎 3
나뭇잎으로 시작된 피바람 오동나무 200

3. 나뭇잎의 생존 비결

수국꽃이 오래 피는 이유 209

식물에게도 지성이 있다? 218

화살나무의 방어 전략 227

귀신도 외적도 막는, 가시의 활약 235

태초에 박테리아가 있었다 245

나무의 진화 252

숲은 어떻게 이루어지는가 262

나뭇잎의 구조조정 269

나뭇잎은 미래를 예측한다 276

이야기 속 나뭇잎 4
법정 스님의 수목장 나무는 무엇일까? 후박나무·일본목련 283

세상의 모든 생명은 제가끔
자기만의 멋과 아름다움이 있습니다.
그 아름다움에는 살아남기 위한 간절함이 들어 있기 마련이지요.
꽃도 열매도 단풍도 모두 이 땅에 하나의 생명으로
살아남기 위해 나무가 펼쳐낸 아우성입니다.

■ 일러두기

식물의 우리말 이름과 학명은 모두 국가표준식물목록의 추천명을 따르는 걸 원칙으로 하되, 국가표준식물목록을 정리하기 전까지 오랫동안 불려온 이름이 있는 식물은 옛 이름을 그대로 썼다. 일테면 국가표준식물목록의 '플라밍고 참중나무'는 '삼색참죽나무'로 표기했는데 이 경우에 나무의 특징을 더 잘 이해할 수 있다고 보았기 때문이다.

1.
나뭇잎의 사계절 생활

바람이 없어도 잎은 움직일까?
#증산작용 #광합성 #자귀나무 #다육식물

나무가 춤을 추면
바람이 불고,
나무가 잠잠하면
바람도 자오.
— 윤동주, 「나무」

시인 윤동주가 1937년에 쓴 짧은 시입니다. 이 시를 보며 "바람이 와서 나무가 춤을 추는 건가, 나무가 춤을 추어서 바람이 오는 건가. 춤추는 나무를 바라보다가 그냥 이 바람을 데려온 게 나무의 춤이라고 생각한다. 세상의 모든 나무들은 보이게 혹은 보이지 않게 쉼 없이 춤을 춘다. (…) 나무는 그렇게 바람을 불러온다. 그 바람은 여름엔 차고, 겨울엔 따숩다. 춤추며 불러온 바람이어서다" 『나무가 말하였네』, 마음산책, 2008라고 쓴 적이 있습니다.

나뭇잎을 볼 때마다 드는 생각입니다. 나무도 스스로 삶을 이어가는 생명체이거늘, 바람 따라 수동적으로만 산다고 생각해도 될까 궁금하다는 거죠. 부채를 부치면 바람이 이는 것처럼 흔들리는 나뭇잎 따라 바람이 오는 것 아닐까 생각하게 됩니다. 바람 한 점 없는데 나뭇잎이 끊임없이 살랑거리는 풍경을 보자면 더 그런 생각이 들지요.

과학에서는 바람이 공기의 흐름인 만큼 여기에 영향을 미치는 기압이나 기온의 변화로 바람을 설명합니다. 그러나 그게 전부일까요. 한 발 뒤로 물러서서, 바람이 불지 않으면 나뭇잎은 정말 스스로 움직이지 않는 것일까? 하는 질문을 들어봅니다.

숨 쉬고 물을 끌어올려 내보내고

바람 부는 대로 나부끼기만 하는 듯 보이는 잎도 실은 끊임없이 움직입니다. 나뭇잎의 가장 분주한 움직임은 광합성이겠지요. 광합성은 화학반응이니

물리적 변화로 이어지지는 않는다고 볼 수도 있겠지만, 화학반응은 필경 물리적인 변화로 이어지게 마련입니다. 245쪽 「태초에 박테리아가 있었다」 장과 262쪽 「숲은 어떻게 이루어지는가」 장 참조 광합성이 아니라 해도 나무가 건강하게 살기 위해 나뭇잎은 분주히 움직여야 합니다. 쉴 짬이 없습니다. 햇살이 들지 않는 밤에도 잎은 움직입니다. 광합성을 하지 않을 때는 나무도 호흡을 해야 하거든요. 동물과 마찬가지로 산소를 들이마시고 이산화탄소를 내뿜는 게 호흡입니다. 광합성이든 호흡이든 나뭇잎은 숱하게 많은 기공을 통해 공기를 교환하느라 분주합니다. 멈출 수 없는 생명 활동이니까요.

잎은 공기 중에 수분을 내보내는 증산작용도 합니다. 나무는 뿌리에서 물을 끌어올립니다. 일생 동안 뿌리가 닿은 흙에서 잎이 빨아들이는 물의 양은 엄청납니다. 이 모든 물을 그대로 안고 있다든가, 소화해 없애는 게 아닙니다. 빨아들인 물의 대부분은 다시 공기 중으로 내보냅니다. 나무는 줄기 표면을 비롯한 다른 부분을 통해서도 물을 내보내지만, 90퍼센트의 수분은 나뭇잎을 통해 내보냅니다. 나무 그늘에서 시원함을 느끼는 건 단순히 나무가 햇살을 가려주기 때문만이 아닙니다. 증산작용을 통해 수증기로 기화하면서 나무 주변을 시원하게 하는 거지요. 증산작용이 얼마나 왕성한가를 예를 들기 위해 흔히 식물 교과서에서는 옥수수를 이야기하는데요. 한 그루의 옥수수는 일생 동안 자기 몸무게의 100배가 넘는 약 200리터의 물을 증산한다고 합니다.

굳이 열심히 빨아들인 물을 다시 내보내는 건 무슨 까닭일까요? 나뭇잎의 증산작용은 광합성과 연결돼 있습니다. 광합성을 효과적으로 하려면 햇빛을 많이 받아야 하는 건 다 아는 이야기입니다. 그러려면 잎의 표면적이 넓은 게 좋겠지요. 이때 넓은 표면에 햇빛이 닿으면 손실되는 물이 더 많아질 겁니다. 그런데 광합성에는 햇빛만 필요한 게 아니잖아요. 공기 중의 이산화탄소도 필요합니다. 이산화탄소를 엽록소까지 운반하려면 이산화탄소를 물에 녹여야 하는데 넓은 잎에서 물이 많이 증발하면 이산화탄소를 녹여낼 물이 모자라게 됩니다. 그래서 잎은 또다시 뿌리에서 물을 끌어올려야 하지요. 다시 말하자면 햇빛을 모으면 물이 줄어드는데, 이산화탄소를 활용하려면 물이 더 필요하다는 상반된 결과가 생긴다는 이야기입니다. 이렇게 햇빛과 이산화탄소가 물을 활용하는 방식이 서로 다른 과정에서 증산작용은 두 활동이 조화와 균형을 이루게 합니다.

잎에도 숨구멍이 있다

나뭇잎은 한낮에 미세한 구멍인 기공을 열어 수분을 배출합니다. 그러나 물이 부족한 사막에서 자라는 선인장 종류의 다육식물은 밤에 기공을 열지요. 햇살이 좋을 때 기공을 열면 너무 많은 물을 잃게 될 위험이 있기 때문입니다. 그러니까 밤에 기공을 열고 이산화탄소를 빨아들여 잘 저장해두었다가 다음 날 낮에 햇빛을 받아 광합성을 하는 겁니다.

다육식물 종류가 공기정화 능력이 뛰어난 반려식물로 환영받는 건 그런 이유에서입니다. 낮에는 창문을 열어 환기를 하는 게 어렵지 않지만, 모두가 잠든 밤에는 환기를 자주 하게 되지 않잖아요. 이때 광합성이 아니라, 산소를 들이마시고 이산화탄소를 내놓는 호흡에 열중하는 식물을 방 안에 수두룩하게 모아둔다면 사람이 마셔야 할 산소를 빼앗길 뿐 아니라, 이산화탄소가 방 안에 가득해지겠죠. 그러나 다육식물의 경우는 한밤중에 기공을 열어 이산화탄소를 빨아들이고 산소를 내뿜어서, 사람에게 좋은 환경을 제공하는 겁니다.

증산작용은 잎의 기공을 열었다 닫았다 하면서 일어나는 현상입니다. 기공은 우리 눈으로 볼 수 없는 미세한 구조이고 그 수는 예상을 뛰어넘을 정도로 많습니다. 예를 들어 양배추잎 한 장에는 무려 1천만 개의 기공이 있다고 합니다. 양배추만큼은 아니라 해도 모든 식물의 잎에는 헤아릴 수 없이 많은 기공이 있습니다. 그 많은 기공을 일제히 열었다 닫았다 하는 과정에서 잎 전체에 아무런 변화가 없다고 단정할 수 있을까요. 워낙 미세한 움직임이어서 사람의 눈으로 확인할 수 없을 뿐 이 과정은 물리적 운동입니다. 이 미세한 움직임이 되풀이된다면, 혹은 그처럼 미미한 움직임을 확인할 만큼 기술이 발전한다면 필경 나뭇잎이 바람 때문이 아니라, 스스로 움직이는 걸 확인할 수 있지 않을까 상상해봅니다.

나무가 벌레를 떨어뜨리는 방법

잎은 또 다른 이유로도 움직여야 합니다. 잎의 구조를 뒤에서도 자세히 짚어보겠지만 144쪽 「잎이 나는 방식」 장 참조, 나무도 외부의 공격에 무차별적으로 당하기만 하지는 않습니다. 예를 들어 곤충이 나뭇잎을 갉아 먹기 위해 잎 위에 올라앉는다면 나무는 이를 방어해야 합니다. 이때 나무는 나뭇잎을 흔들어서 벌레를 떨어뜨리려 애씁니다. 물론 나무의 안간힘이 실패하는 경우가 더 많기는 해도, 만약 나무가 아무런 대책을 세우지 않는다면 생명이 위태로워질 겁니다. 잎과 가지를 연결하는 부위인 '잎자루'가 가늘고 유연한 건 그런 까닭에서입니다.

잎자루가 유연한 건, 단지 벌레를 떨어내기 위한 것만은 아닙니다. 햇빛을 받아 나뭇잎이 뜨거워졌을 때 유연한 잎자루를 이용해 주변 공기의 흐름을 빠르게 유도해서 기온을 낮추는 역할도 합니다. 우리가 더울 때 부채를 부치는 것처럼 나무는 잎으로 부채질을 하는 겁니다.

앞에서는 일반적인 나뭇잎의 운동을 이야기했습니다만, 특별한 나뭇잎의 운동도 있어요. 이를테면 자귀나무 *Albizia julibrissin* Durazz.입니다. 자귀나무의 잎은 한낮에 넓게 펼쳐졌다가 밤이 되면 수분 증발을 막기 위해 오므립니다. 마치 잠을 자는 모습과 비슷하죠. 자귀나무라는 이름도 '잠자는 귀신'이라는 데에서 온 것입니다. 이처럼 특별한 움직임을 보여주는 잎도 있다는 걸 생각하면, 나뭇잎의 흔들림이 결코 바람 때문만은 아니라는 제 생각에 동의하실 수 있지 않을까 싶습니다.

사실 살아 있는 것들은 잠시도 멈추지 않습니다. 모든 생명체는 끊임없이 움직여야 하지요. 그건 살아 있다는 증거와 다름없습니다. 움직이지 않는 건 죽은 겁니다. 나뭇잎도 그저 바람에 따라 움직이는 게 아닙니다. 세상의

자귀나무잎은 한낮에 넓게 펼쳐졌다가
밤이 되면 수분 증발을 막기 위해 오므라든다.

모든 생명은 살기 위해 끊임없이 꼼지락거린다는 사실을 잊지 마시기 바랍니다.

봄, 잎 색깔의 마술쇼

`#삼색참죽나무` `#잎색깔의변화` `#공중습도` `#천리포수목원`

나무는 하늘과 바람의 흐름을 따라 살아가는 생명체입니다. 바람 따라 제 살 곳을 찾아 머무르고, 자기만의 삶의 방식으로 수굿이 살아갈 뿐이지요. 나무를 오랫동안 만나면서 알게 된 사실 중의 하나는 사람이나 짐승 들이 살아가는 환경이 그렇듯 나무에게도 딱 알맞춤한 하늘과 바람이 있다는 겁니다. 나무가 말이 없으니 아무 데서나 아무렇게나 다 잘 자라는 것처럼 보이지만 그렇지 않다는 겁니다.

그래서 떠오르는 나무가 삼색참죽나무*Toona sinensis* 'Flamingo'입니다. 우리나라에서 자생하는 나무가 아니어서 흔히 볼 수 있는 나무는 아닙니다만, 워낙 아름다운 나무여서 식물원 수목원 공원 등에서 꽤 많이 심어 키우고 있습니다.

삼색참죽나무가 인상적으로 자라는 곳 가운데 하나가 천리포수목원입니다. 잠시 이름 이야기를 하자면 천리포수목원에서는 오래도록 이 나무를 '삼색참죽나무'로 불러왔는데, 국가표준식물목록에서는 '참중나무 ′플라밍고′'라고 했습니다. 품종명에 들어 있는 플라밍고를 내세운 건 문제 없지만, 참중나무라고 한 건 '참죽나무'를 잘못 부른 것 아닌가 싶습니다. '삼색'참죽나무라 한 건 참죽나무를 닮았지만 세 가지 색을 띠는 나무여서였거든요. 국가표준식물목록에 등록되기 전부터 지금까지 불려온 이름이 삼색참죽나무입니다.

잎 나기 전까지 이 나무는 사실 볼품없는 나무에 속합니다. 줄기 색이 밝아서 눈에 잘 뜨이는 건 사실이지만 특별할 게 없는 나무이지요. 하지만 삼색참죽나무는 참 기발한 나무입니다. 이 기발함을 보려면 시간을 길게 잡고 오래 기다려야 합니다. 단번에 이 나무의 멋을 느낄 수는 없습니다. 여러 차례 찾아가 보아야만 합니다. 적당한 시간 차이를 두고, 나무가 보여주는 변화가 놀랍기 때문이지요. 나무의 마술이라 해도 될 법한 변화입니다. 아주 천천히 벌어지는 자연의 마술입니다.

삼색참죽나무의 3막 마술쇼

모든 변화는 잎이 날 때부터 시작됩니다. 그러다 온갖 봄꽃들이 앞다퉈 피어날 즈음이면 삼색참죽나무는 드디어 마술쇼에 들어갑니다. 새로 나는 잎은 선명한 빨간색이어서 정신이 바짝 들 정도로 눈에 뜨입니다. 잎몸을 한들한들 흔들어대는 잎자루까지 붉은빛이 선명합니다. 정말 빨갛습니다. 그렇게 새로 난 붉은 잎은 보름쯤 그 빛을 유지하지요. 붉은 잎을 달고 선 모습만으로도 충분히 멋진 나무이지만, 아직 마술은 시작도 하지 않았습니다.

시간이 흐르면서 빨간 빛깔이던 잎은 본격적으로 바뀝니다. 마술의 둘째 막에 들어선 것이지요. 붉은 잎이 난데없이 노란색으로 바뀝니다. 엄밀하게 하자면 아이보리라고 하는 게 맞겠지만, 한 가지 색으로 말하기 어려운 오묘한 빛깔입니다. 굳이 표현하자면 노란빛에 가까운 아이보리라고 해야 그나마 알맞춤하지 싶습니다. 변화는 매우 극적입니다. 다시 보름 넘게 삼색참죽나무는 생뚱맞으면서도 야릇한 노란 잎을 달고 지내며 마술의 셋째 막을 준비합니다.

봄이 꼬리를 보일 즈음이면 삼색참죽나무의 잎들은 언제 빨간색이나 노란색이었느냐 싶게 시치미를 떼고 다른

봄꽃들이 필 즈음 삼색참죽나무잎은
붉은빛을 띤다.

아이보리빛을 띤 삼색참죽나무(위).
곧 이 빛깔은 초록으로 바뀌어 아래와 같은 모습이 된다.

나뭇잎들을 따라 단아한 초록색으로 바뀝니다. 이제 초록의 싱그러운 엽록소로 햇살을 받아 광합성에 나서는 겁니다. 빨간색에서 분홍색을 거쳐 예상 밖의 노란색이었다가, 종내에는 평범한 초록색으로 세 가지 극적으로 다른 모습을 보여주는 겁니다. 물론 붉은 잎을 달았을 때가 가장 독특하고 아름답지만, 그 변화 과정을 살펴보는 건 흔치 않은 관찰 경험이 될 것입니다.

비밀은 공중 습도

잎 색깔의 변화 과정에 얽힌 흥미로운 이야기가 하나 더 있습니다. 삼색참죽나무의 신비로운 마술을 볼 수 있는 자리가 따로 있다는 사실입니다. 그중의 한 곳이 천리포수목원입니다. 실제로 우리나라의 다른 지역에 위치한 식물원이나 수목원에서도 삼색참죽나무를 키우기는 합니다. 그러나 다른 곳에서는 천리포에서처럼 잎사귀 색깔의 선명한 변화를 볼 수 없다고 합니다. 심지어 천리포수목원이 위치한 태안에서 조금 안쪽으로 들어온 서산 지역만 해도 그 빛깔이 제대로 드러나지 않는다는 겁니다. 충청남도 태안 천리포 지역의 하늘, 그 바람이 나무의 마술을 가능하게 하는 힘이라고 보아야 할 겁니다. 삼색참죽나무가 세 가지 색깔을 선명하게 내는 데 가장 중요한 조건은 공중 습도라고 합니다. 바닷가에 자리 잡은 천리포수목원의 공중 습도가 삼색참죽나무의 신비로운 마술을 가능하게 한 힘이었던 겁니다.

세상의 모든 생명체는 자신만의 이름과 빛깔이 있습니다. 그 특별한 이름과 빛깔을 지켜주는 건 바람과 햇살입니다. 낯선 하늘과 땅에서 나무들은 제 빛깔을 내지 못합니다. 익숙한 바람과 햇살을 품고서야 나무들은 비로소 제 빛깔을 내게 마련이라는 엄연한 사실을 한 그루의 나무를 통해 확인할 수 있습니다.

한여름에도 연잎이 젖지 않는 이유
#수련 #연잎의소수성 #원시식물

물에서 자라는 식물이 특별히 아름답게 느껴지는 건, 어쩌면 우리의 생명이 모두 물에서 온 까닭인지도 모르겠습니다. 물에서 자라는 대표적인 식물이 수련과 연꽃일 겁니다.

수련*Nymphaea tetragona* Georgi은 생명 초기의 흔적을 가지고 있는 원시식물입니다. 꽃에서 그 증거를 찾을 수 있지요. 수련의 꽃송이 안쪽에 돋아나는 꽃술은 우리가 흔히 아는 꽃술과 달리 넓적하게 발달합니다. 꽃술의 모양은 수련이 처음 지구상에서 피어나던 1억3천만 년 전쯤에 벌과 나비가 없었다는 반증입니다. 그때 수련꽃의 꽃가루받이를 담당했던 매개곤충은 딱정벌레 종류였습니다. 그런데 딱정벌레는 벌이나 나비와 달리 비교적 동작이 굼뜨잖아요. 그가 안정적으로 움직이며 꽃가루받이를 해주려면 꽃술이 넓적해야 했던 겁니다. 그런 모습은 초기 현화식물의 하나인 목련에서도 똑같이 나타납니다. 목련과 수련의 꽃술이 비슷한 건 그래서입니다.

현화식물은 번식을 이루기 위해 꽃을 피우는 식물을 이야기합니다. 현화식물의 꽃은 생식기관으로 암술과 수술, 꽃잎, 꽃받침을 갖추고 있지요. 그런데 우리는 흔히 소나무의 가지 끝에 노랗게 피어나는 것도 송화松花, 우리말로는 '소나무꽃'이라고 부르지요. 하지만 식물학에서는 소나무에서 피어나는 조직을 꽃이라고 부르지 않습니다. 꽃이라고 하려면 특히 암술 아래 밑씨를 감싼 씨방이 있어야 하지만 송화에는 암술 아래 밑씨를 감싼 씨방이 없어서 '꽃'으로 보지 않는 겁니다.

물 위의 꽃, 수련?

수련의 이름을 헷갈릴 때가 있습니다. 수련의 수는 '물 수水'가 아니라, '잠잘 수睡'입니다. 잠잘 '수' 자를 옥편에서 찾아보면 '꽃 오므리는 모양'이라는 뜻도 있습니다. 맞습니다. 수련꽃은 대개 사흘 정도 피어

수련 꽃송이 안쪽의 꽃술은 딱정벌레의
꽃가루받이를 위해 넓적하게 발달했다.

있는데, 아침 햇살을 받으면 서서히 입을 열고 환하게 피어나지요. 그러다가 해 질 녘이면 천천히 입을 오므리고 잠을 잡니다. 이름 그대로 잠자는 연꽃이라 해도 어색하지 않은 겁니다. 물론 옥편에 이 글자의 훈으로 '꽃 오므리는 모양'이라는 내용이 등록된 건 나중일 겁니다. 처음에는 '잠잔다'는 뜻이었겠지만, 나중에 수련에도 이 글자가 쓰이는 걸 정확히 해석하기 위해 '꽃 오므리는 모양'이라는 훈이 덧붙여진 것이지 싶습니다.

수련꽃의 잠자는 특징을 이용한 수련 차가 있지요. 수련 차에는 전해오는 이야기가 있습니다. 예전에 중국의 가난한 아내가 글공부에 전념하는 남편에게 무언가를 챙겨주고 싶었답니다. 하지만 살림이 빈한하여 아무것도 줄 게 없었지요. 아내는 궁리 끝에 수련이 꽃잎을 닫기 전에 꽃송이 안쪽에 베 헝겊을 넣어두었다가 다음 날 아침에 꺼내 따뜻한 물에 우려내어 남편에게 내놓았다고 합니다. 이게 바로 수련 차의 유래입니다. 그게 조금 진화했지요. 이제는 베 헝겊이 아니라, 베로 작은 주머니를 만들고 그 안에 찻잎을 넣어서 수련꽃에 담가두는 거지요. 밤새 수련꽃이 머금었던 향기와 새 아침의 이슬까지 담아낸 신비의 차가 바로 수련 차입니다.

잎과 꽃술의 모양, 특징까지
수련과 연꽃의 차이

　수련을 그냥 연꽃*Nelumbo nucifera* Gaertn.이라고 부르는 분들이 적지 않습니다. 그러나 연꽃과 수련은 분명히 다른 식물입니다. 생김새에도 차이가 있습니다. 잎사귀부터 달라요. 수련은 잎이 물 위에 둥둥 뜹니다. 꽃 역시 물 표면에서 피어나지요. 하지만 연꽃의 잎은 물 위로 껑충 솟아오르고, 꽃 역시 그 사이에서 껑충하게 솟아올라 피어납니다.

　잎도 달라요. 수련잎은 한쪽 끝이 갈라져 있지만 연꽃잎은 찢긴 자리 하나 없이 둥그렇습니다. 연꽃잎은 수련보다 두껍고 물에 젖지 않으며, 잎자루 연결 부분이 오목하게 파였지요. 또 잎 크기도 다른데 수련잎은 지름 20센티미터 정도이지만 연꽃잎은 지름 40센티미터까지 크게 자랍니다.

　또 다른 차이도 있지요. 잎이 젖었느냐 말랐느냐 하는 겁니다. 수련잎은 물 표면에서 늘 젖어 있지만 연꽃잎은 탁하다는 느낌이 들 정도로 바짝 마른 상태입니다. 그 잎 위에 송골송골 맺혀서 구르는 물방울은 연꽃잎에서만 볼 수 있지요. 수련의 경우 잎이 늘 젖어 있을 뿐 아니라, 표면에 물이 올라와도 자연스레 번질 뿐, 연꽃잎에서처럼

수련(위)은 물 위에 잎이 동동 뜨는 반면,
연꽃(아래)은 잎과 꽃 모두 물 위로 껑충 솟아오른다.

물방울이 남아 있지 않습니다. 연잎 위의 물방울은 남다릅니다. 잎은 전혀 젖지 않고 그 위를 떼굴떼굴 굴러다니는 물방울이 영롱한 진주 알갱이처럼 보입니다.

이건 연잎의 '소수성疏水性'때문입니다. 즉 잎사귀가 물과 소원하다는 거죠. 이 독특한 생태의 원리를 여러 분야에서 연구했습니다. 특히 방수 관련 산업에서 이 원리를 차용하고 싶었던 모양입니다. 연구 초기에는 연잎 표면에 잔털이 있어서 그렇다고 생각했다고 합니다. 그러나 연잎의 잔털은 오히려 물방울이 잎 전체로 스며들게 합니다. 또 잎 표면에 잔털이 돋아난 식물은 많이 있지만, 연꽃에서처럼 물방울이 구르지 않지요. 그래서 연잎을 더 연구한 끝에 최근에 밝혀진 사실은 잎 아래의 가느다란 잎자루에서 끊임없이 이어지는 파동이 원인이라고 합니다. 커다란 잎을 달고 있는 잎자루는 눈에 보이지 않는 파동을 일으키고 그 바람에 물방울은 잎의 잔털 위에서 스미지 않고 방울째 굴러다닌다는 이야기입니다.

잎의 차이를 이야기했지만, 연꽃과 수련의 차이를 이야기할 때 빼놓을 수 없는 건 꽃의 생김새입니다. 흔히 연밥이라 부르는 연꽃의 꽃술 부분은 수련과 전혀 다르거든요. 연꽃은 물 위로 훌쩍 올라온 잎 사이로 꽃자루가 올라오고 그 끝에서 한 송이씩 피잖아요. 그 꽃송이 안쪽에는 뒤집힌 고깔 모양이 두드러지는데 수련꽃에는 노란 꽃술만 화려할 뿐이지요.

연꽃 씨앗의 놀라운 생명력

연꽃을 이야기하면서 빼놓을 수 없는 건 그의 왕성한 생명력입니다. 연꽃의 씨앗은 1천 년을 넘어서도 싹을 틔웁니다. 700년 전 고려시대의 연꽃 씨앗이 뿌리를 내리고 꽃을 피운 일이 있습니다. 경남 함안군 성산산성을 발굴하던 중에 연꽃 씨앗을 발견한 건 2008년 5월이었지요. 씨앗의 연대를 측정하자 700년 전의 씨앗이라는 게 밝혀졌는데, 이 씨앗에서 싹을 틔우고 꽃을 피우는 데까지 성공했습니다. 놀랄 일이 아닐 수 없습니다. 이 연꽃을 '아라홍련'이라고 이름 붙였습니다. 고대에 이곳이 '아라가야' 지역이었다는 데서 착안한 거지요.

사실 아라홍련의 개화는 일본의 '오가연꽃'의 개화와 비슷한 또 하나의 특별한 성과라고 보아야 할 겁니다. '2천 년 연꽃'이라고도 불리는 오가연꽃은 2천 년 된 씨앗에서 싹을 틔운 연꽃입니다. 1951년에 일본의 도쿄대 운동장 지하에서 발굴된 씨앗이 싹을 틔우고 개화까지 이루었습니다. 이 연꽃 씨앗을 발견하고 싹을 틔우는 작

연꽃 꽃송이 안쪽에는 연꽃의 씨앗이 담긴
뒤집힌 고깔 모양의 열매가 두드러진다.

업을 주관한 학자가 오가 이치로_大賀一郎_였기에 '오가연꽃'이라는 이름을 붙인 겁니다.

　진흙 밭 연못 속에서 자라지만 꽃이나 잎사귀에는 흙덩이 물방울 하나 묻지 않는 연꽃. 커다란 잎사귀가 물 위로 훌쩍 솟아오르고 무성한 연잎 사이로 얼굴을 내민 연꽃의 화려함은 여름에 우리가 만날 수 있는 몇 안 되는 장관 중의 하나입니다.

식물이 살아가는 원동력, 광합성

#광합성과정 #식물의호흡 #엽록체 #엽록소

나무 답사는 해 떠 있는 동안만 합니다. 해 지면 아무리 급한 일이 있어도 마무리합니다. 그러다 보니, 해 떠 있는 시간을 잘 아껴야 충분한 답사를 할 수 있습니다. 그래서 가까운 동무들과 농을 나눌 때, "광합성 할 수 있는 시간에는 밥을 안 먹는다"고 너스레를 떨곤 합니다. 늘 홀로인 답삿길이다 보니, 붐비는 식당에서 자리를 차지하고 식사를 즐기는 일이 번거로울 뿐 아니라, 홀로 찾아온 손님을 반기지 않는 대부분의 식당에서 푸대접받는 것도 내키지 않으니까요. 요즘 들어 혼자 식당을 찾는 혼밥족이 늘었다고는 하지만, 답삿길에 들르게 되는 시골 식당의 사정은 달라진 게 없습니다. 이래저래 해 떠 있는 시간에는 조금이라도 더 오래 나무 곁에 머무르기 위해 밥 먹는 시간을 아낀다는 사정을 말한 거죠.

농담처럼 하는 이야기지만, 저도 광합성을 할 수 있다면 정말 좋겠습니다. 뭐 하러 홀로 식당에 들어가서 푸대접받으며 시간을 허비하겠습니까? 나무 곁에 머무를 시간도 모자란데요.

끼니 챙기는 일은 사람은 물론이고 동물에게도 고된 것이겠지요. 식사를 하려면 사냥이나 채집에 나서야 하는데, 거기에 드는 시간과 노력이 얼마나 큰가요? 어쩌다 푸짐하게 먹어서 채운 영양은 다시 사냥과 채집에 고스란히 소비하고 맙니다. 그야말로 완벽한 제로섬게임 아닌가 싶습니다. '먹기 위해 사는 것 같다'는 이야기가 그래서 나오는 거겠지요.

물과 햇살만으로 살아가는 방법

나무들은 얼마나 좋을까요? 나무는 가만히 서서 햇살만 바라보고 있으면 저절로 양분이 만들어지니까요. 노동의 피로에서 자유로울 수 없는 사람의 눈으로는 그리 보이겠지만, 나무도 광합성을 위해서는 매우 치열해야 합니다. 광합성 여부에 따라서 제 생명이 위

식물이 더 이상 광합성을 하지 않는다면,
엽록소가 사라져 세상은 초록빛을 잃게 된다.

태로워질 수 있으니까요.

　세상의 모든 생명체 가운데 스스로 양분을 만들어내는 건, 식물밖에 없습니다. 광합성 작용에 의해서지요. 모든 과학 지식이 그렇지만 광합성 작용의 원리와 과정도 매우 복잡한 게 사실입니다. 빛에너지를 화학에너지로 변화시키는 과정이기 때문에 최소한 화학에 대한 기본적인 상식이 있어야 이해할 수 있습니다. 하지만 단순한 과정이나마 이미 모르는 사람이 없을 정도로 다 아는 게 광합성이지요.

　광합성은 생명의 진화 과정에서 결정적인 역할을 한 몇 가지 원인 가운데 하나입니다. 영국의 생화학자이자 과학 저술가인 닉 레인은 그의 저서 『생명의 도약』에서 생명의 진화 과정에 도드라진 열 가지 계기를 꼽으면서 그 가운데 세 번째로 광합성을 이야기했습니다. 닉 레인은 이 책에서 "광합성이 없다면 세상은 어떠할까?"라는 질문으로 시작합니다. 첫 번째로 대답할 수 있는 건, 초록빛이 사라진다는 것입니다. 광합성을 담당하는 기관인 엽록체가 초록색을 띠고 있는데, 광합성이 없다는 건 엽록체가 없어지는 것이고, 그러면 지구에서 초록색은 사라진다는 이야기입니다. 엽록체는 광합성을 하는 부분이고, 이는 곧 모든 생명의 원동력이지요. 흔히 광합성을 영양분 생성의 측면에서는 자주 이야기했지만, 빛깔까지 살펴본 건 신선한 시각입니다.

이어서 그는 파란 빛깔도 사라진다고 합니다. 하늘빛이 파랗게 되려면 대기가 깨끗해야 하는데, 대기를 깨끗하게 하는 정화 능력은 엽록소 고유의 특징이라는 것이지요. 결국 '물과 반짝이는 햇살만으로 살아가는 방법'인 광합성은 생명의 원동력일 뿐 아니라, 지금의 지구를 가장 지구답게 만들어주는 작용이라는 게 닉 레인의 이야기입니다.

광합성의 반대는 식물의 호흡

광합성을 간단히 이야기하자면 햇빛과 이산화탄소와 물을 이용해 당을 만들어내는 작용입니다. 이 과정에서 산소가 배출되지요. 그러니까 산소는 광합성의 노폐물인 겁니다. 식물은 광합성을 통해 영양분을 만들어내서 지구의 모든 생명을 먹여 살릴 뿐만 아니라, 생명이 숨 쉴 수 있도록 결정적인 역할을 합니다. 산소 없이 살아가는 생명은 없잖아요. 물론 예외적인 경우로, 빛도 들지 않고 산소도 없는 흑해Black Sea 깊은 곳에서 살아가는 다세포생물인 선충만은 산소 없이 생명을 이어간다고 합니다.

광합성을 이야기할 때 함께 짚어봐야 하는 건 호흡이겠지요. 호흡은 광합성의 정반대 방향으로 흐르는 작용입니다. 광합성은 이산화탄소를 받아들여서 작용을 마친 뒤에 산소를 노폐물로 배출하지만, 호흡은 거꾸로 산소를 들이마시고 이산화탄소를 내뱉습니다. 광합성을 통해 담아냈던 빛에너지가 호흡 과정에서 다시 풀려서 빠져나가는 겁니다. 광합성과 호흡은 이처럼 반대 방향으로 흐르며 영원한 균형을 이룹니다.

과학자들은 광합성의 작동 원리가 아주 단순하다고 설명합니다. 이산화탄소에 전자를 더하고 양성자 몇 개를 덧붙여주면 곧바로 당이 만들어진다는 거죠. 바로 이 당이 우리 모두의 양분 공급원이라는 겁니다.

전자를 더하고 빼는 작용을 하는 장소가 바로 엽록체입니다. 엽록체라는 이름은 나뭇잎을 뜻하는 '엽葉'에 초록색을 뜻하는 '록綠'을 합친 겁니다. 엽록체는 나뭇잎 세포 안에 포함된 둥글거나 타원 모양의 작은 구조물을 이야기합니다(이 구조물에 대해서는 245쪽 「태초에 박테리아가 있었다」 장에서 따로 다루겠습니다). 엽록체의 특별한 막 구조 안에는 엽록소가 있습니다. 이 엽록소가 당을 생산하는 발전소 역할을 하는 겁니다. 실제로 엽록체의 구조는

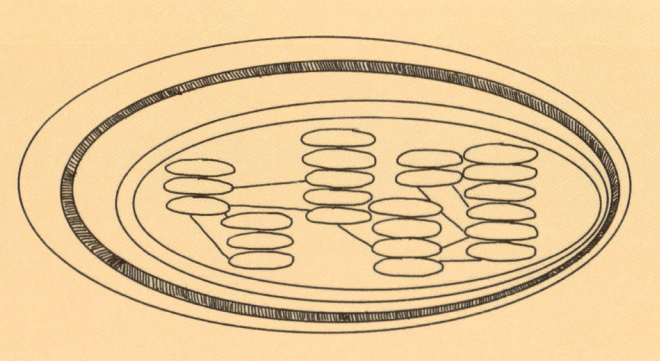

수많은 원반이 쌓인 것처럼 생긴 엽록체의 구조도. 엽록체의 특별한 막 구조 안의 엽록소는 당을 생산하는 발전소 역할을 한다.

복잡한 발전소처럼 생겼는데, 기본적으로 수많은 원반이 차곡차곡 쌓여 있고, 그 원반들을 잇는 관이 복잡하게 연결되어 있습니다.

맨눈으로는 볼 수 없는 세계이지만, 수많은 관으로 연결된 원반들은 마치 박테리아를 닮았다고 합니다. 광합성의 원리를 완벽하게 이해하지는 못한다 해도 광합성이 우리 생명을 유지하는 데 얼마나 요긴한지만 생각하고 다음 장으로 넘어가려 합니다.

초록은 동색일까?

`#참나무종류` `#굴참나무` `#나뭇잎의앞뒷면`

여름의 숲은 참 푸르릅니다. '녹음방초승화시綠陰芳草勝花時'라는 말이 있지요. 짙은 초록 잎을 이겨낼 꽃이 없는 시절, 즉 여름을 가리키는 말입니다.

초록은 특별한 곳에서만 느껴지는 게 아니라 그냥 스쳐 지나치지만 않는다면 모든 숲에서 충분히 느낄 수 있습니다. 그러나 초록이라고 해서 다 같은 초록은 아닙니다. 나뭇잎을 모두 푸르다고 말하지만 국어사전의 풀이처럼 '푸른'이 가리키는 빛깔의 스펙트럼은 엄청나게 넓습니다. 국어사전에서는 '푸른색'을 "맑은 가을 하늘이나 깊은 바다, 풀의 빛깔과 같이 맑고 선명한 색"이라고 풀이합니다. 하지만 '푸른' 빛에 포함되는 '초록' 또한 그 스펙트럼이 만만치 않습니다.

극적인 상황은 바람이 불 때 나타납니다. 바람이 거세게 불어올 때 숲을 바라보신 적이 있나요. 멀리 숲을 가만히 바라보고 있는데, 그 숲으로 바람이 불어간다면, 나뭇잎들이 이리저리 흩날릴 겁니다. 이때, 활엽수의 넓은 잎들은 앞뒷면이 번갈아가며 들춰집니다. 그 풍경을 멀리서 바라보면 마치 숲의 어느 자리에 하얀 꽃이 핀 것처럼 착각하게 될 때가 있습니다. 그건 잎의 앞뒷면 빛깔이 달라서입니다. 나뭇잎에 따라 앞뒷면의 초록 농도가 다른 경우이거나 아예 잎 뒷면이 희거나 회색빛을 띤 경우지요. 이런 나무들이 잎을 뒤집으면 멀리서 볼 때 마치 활짝 피어난 꽃처럼 보입니다.

물론 앞뒷면이 똑같은 초록빛인 잎도 많습니다. 그러나 대부분의 나뭇잎은 앞뒷면 빛깔이 다릅니다. 이를테면 참나무 종류를 한번 볼까요. 참나무 종류로 우리가 흔히 '도토리나무'라고 부르는 여섯 종류의 나무가 있잖아요. 굴참나무, 갈참나무, 졸참나무, 상수리나무, 신갈나무, 떡갈나무입니다. 이 나무들의 잎 빛깔을 짚어보겠습니다.

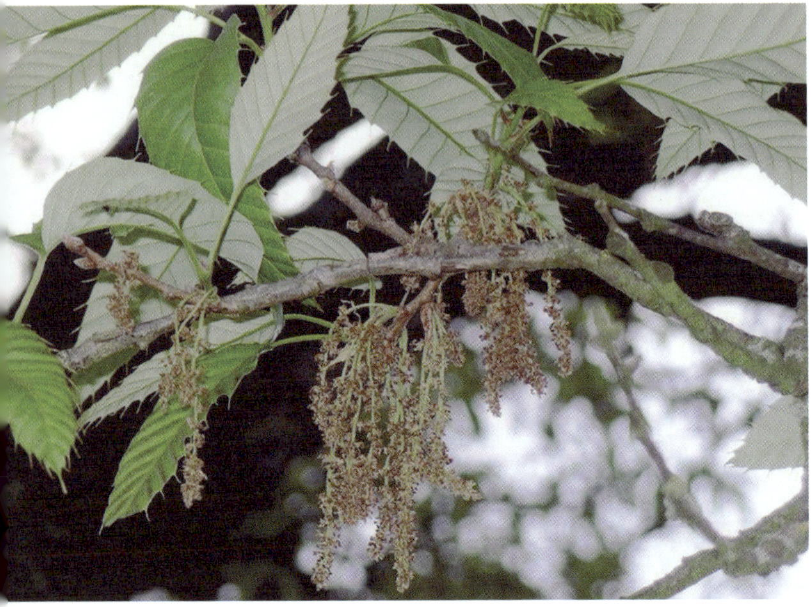

©위키커먼스

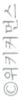

굴참나무잎의 뒷면은 회백색이 뚜렷하고
털이 촘촘히 나 있다.

굴참나무잎은 앞과 뒤가 다르다

굴참나무잎의 뒷면은 별 모양의 회백색 털이 촘촘히 나 있어서, 앞면의 선명한 초록빛과 달리 뒷면은 회백색이 뚜렷합니다. 또 갈참나무잎의 표면은 반짝거릴 정도의 광택이 나는 초록색인데, 굴참나무처럼 잎의 뒷면은 회백색입니다. 그리고 졸참나무잎의 경우, 농도의 차이는 있지만 앞뒤가 모두 큰 차이 없는 초록색입니다. 또 상수리나무잎의 앞면은 털이 없어 반짝일 정도로 광택이 나지만, 뒷면은 작은 털이 있어서 탁한 느낌을 줍니다. 떡갈나무는 잎의 앞뒷면 모두에 갈색의 별 모양 털이 났다가 나중에는 잎맥 위에만 털이 남습니다. 잎 뒷면의 빛깔이나 분위기가 비슷하다는 이야기이지요. 끝으로 신갈나무잎은 앞면이 짙은 녹색을 띠고 광택이 나는데, 뒷면은 노란빛이 강한 초록, 거의 연두색을 띱니다. 흔히 '도토리나무'라고도 부르는 참나무과 나무 사이에도 잎 색깔에 이처럼 차이가 있습니다. 초록이 모두 초록이 아니라는 거죠.

잎의 뒷면에서 회백색이 뚜렷하게 나는 굴참나무나 갈참나무가 군락을 이뤄 자라는 숲에 바람이 분다면 선명한 초록빛과 회백색이 바람 따라 출렁일 겁니다. 가만히 있을 때는 초록의 숲이었는데, 바람이 불 때마다 나뭇잎의 일부가 뒤집히면서 회백색이 드러나겠지요. 이때 마침 이 자리에 햇살이 환하게 비친다면 회백색 잎에서 빛이 반사되면서 마치 꽃이 무리를 지어 피어난 것처럼 보입니다.

그뿐일까요? 나뭇잎들에는 짙은 초록이 있는가 하면 연한 초록이 있습니다. 나무마다 그 빛깔은 서로 다릅니다.

전남 나주에서 열렸던 '도시 숲의 생태'에 관한 심포지엄에 참여한 적이 있었어요. 이때 촬영을 진행하던 감독과 나주시를 돌아보았습니다. '나주 배'로 유명한 곳이어서, 배나무 과수원이 많은 곳이지요. 과수원 바깥으로는 '혁신도시'라는 이름으로 신도시가 조성돼 있었고, 인근 지역에는 제대로 원형을 유지한 깊은 숲도 있었습니다. 작은 동산이랄 수 있는 소규모의 자연 숲은 물론이고 수목원처럼 조성한 인공 숲도 있었지요. 다양한 형태의 크고 작은 나무 군락지가 여러 곳 있었어요. 도시를 둘러싼 갖가지 형태의 나무 군락지를 돌아보면서 그때 분명히 알 수 있었어요. 숲은 숲이지만, 숲마다 제가끔 그 특징과 분위기가 다르다는 겁니다. 특히 멀리서 여러 군락지를 내다볼 경우엔 그 차이를 느낄 수 있었지요. 그저 초록 숲이라고 부르지만 빛깔은 저마다 다르다는 걸 도시 곳곳을 돌아보면서 또렷이 알 수 있었습니다.

여름의 색, 왕성한 생명의 소리

다시 '녹음방초승화시'를 생각합니다. 여름의 녹음을 이겨낼 꽃이 없다는 뜻이잖아요. 하지만 더 꼼꼼히 돌아보면 여름의 녹음을 뚫고 존재감을 과시하는 여름 꽃들도 있습니다. 이를테면 여름에 백 일 동안 붉은 꽃을 피운다 해서 '백일홍나무'라고 부르다가 '배롱나무'라는 예쁜 이름을 갖게 된 나무가 그렇고, 배롱나무처럼 백 일 넘게 하루에 서른 송이 이상의 꽃을 피우는 무궁화가 그렇습니다.

게다가 초록도 다 똑같은 초록이 아니라는 걸 생각하면 세상이 모두 한 빛깔이라고 이야기하는 건 섣부른 결론이지 싶습니다. 오히려 여름은 세상의 모든 나무들이 밝고 뜨거운 햇살을 받으며 가장 왕성한 생명력을 키워 가기에, 더 다양한 생명의 약동 소리를 들을 수 있는 때라고 보는 태도가 식물을 가까이하는 온당한 마음가짐이지 싶습니다.

꽃이 먼저 필까,
잎이 먼저 필까?

`#잎없이꽃피는식물` `#양분저장방식` `#상사화` `#꽃무릇`

식물의 잎은 꽃이나 열매에 비해 눈에 덜 띄는 게 사실입니다. 식물학 교과서를 살펴봐도 잎은 꽃이나 열매만큼 중요하게 다루지 않는 듯합니다. 이를테면 식물분류학에서는 잎은 젖혀두고, 꽃과 열매 즉 생식기관으로 식물을 분류하지요. 분류학에서 꽃과 열매에 주목하는 건 생물의 진화 과정에서 가장 변화가 적어 세월이 많이 흘러도 분류 초기의 특성을 유지하기 때문입니다. 결코 식물 잎의 중요성을 간과한 건 아닙니다.

잎은 식물의 생존 과정에서 가장 중요한 부분입니다. 스스로 자랄 수 있는 양분을 생산하는 조직이니까요. 잎에는 식물의 중요한 특징이 들어 있습니다. 그래서 잎의 관찰에는 다른 어느 부분보다 세심한 태도가 필요합니다. 그야말로 오래 자세히 바라보아야 합니다.

오래 바라보아야만 그의 특징을 온전히 알 수 있는 식물이 있습니다. 초가을에 범상치 않은 붉은빛의 꽃을 피우는 식물입니다. 예닐곱 포기 정도씩 무리지어 자라는 상사화*Lycoris squamigera* Maxim.가 그것입니다. 잎 없이 꼿꼿이 서서 바라보는 사람에게 슬픈 인사를 건네는 풀꽃입니다. 잎 하나 없이 훌쩍 올라온 꽃대 끝에서 분홍빛으로 피어난 모습을 보면 하냥 쓸쓸할 수밖에요. 누구를 생각하고 그리워한다는 뜻의 상사相思라는 꽃 이름을 떠올리면 더 그렇습니다. 꽃은 잎을 그리워하고, 잎은 꽃을 그리워하면서도 끝내 만나지 못한다고 해서 상사화란 이름이 붙은 처량한 식물입니다.

잎 없이 꽃을 피우는 비결

상사화는 꽃대 올라오기 훨씬 전인 봄에 먼저 잎사귀부터 돋아납니다. 상사화꽃이 핀 자리에는 얼마 전까지 상사화의 잎이 있었다는 이야기인데, 그 잎사귀를 되짚어 떠올리는 건 쉽지 않습니다. 꽃 피기 전에 눈길을 주지 못한 탓이지요. 대개 상사화는 한 포기가

상사화는 꽃대 하나에 대략 네 송이에서
여덟 송이의 큼직한 꽃송이가 잎 없이 달린다.

60센티미터 그러니까 어른 무릎 정도 되는 높이까지 꽃대를 올립니다. 하나의 꽃대 위에는 대략 네 송이에서 여덟 송이의 큼지막한 꽃송이가 달리는 탓에 상사화의 꽃대는 다른 식물들에 비해 굵고 단단한데도 꽃송이를 지탱하기에는 연약해 보이지요.

게다가 햇살과 이산화탄소를 모아 식물의 자양분을 만들어내는 잎이 하나도 없다는 건 놀랍습니다. 잎 없이 꽃을 피우는 데 익숙해진 상사화는 그래서 봄이면 일찌감치 잎을 내고 열심히 양분을 짓습니다. 상사화는 비늘줄기라고 부르는 땅속줄기에 영양분을 차곡차곡 쌓지요. 얼마쯤 양분이 모여서, 여름날의 영화를 누릴 채비를 마쳤다 싶으면, 제 할 일을 마친 잎들은 흔적도 남기지 않고 사라집니다. 그때 비로소 상사화는 꽃대를 불쑥 솟아올리고 꽃을 피웁니다. 꼭 필요한 양분만으로 한 해를 지내는 셈이지요.

상사화와 꽃무릇의 차이

상사화와 비슷한 분위기의 꽃을 피우는 식물로 꽃무릇이 있습니다. 꽃무릇은 상사화와 헷갈리기 쉬운 꽃이에요. 꽃무릇도 50센티미터까지 솟아오르는 꽃대 위에 잎 하나 없이 꽃을 피웁니다. 상사화와 닮은 점입니다. 꽃무릇을 상사화라 부르기도 하지만, 둘은 엄연히 다른 식물입니다. 또 꽃무릇이라고 했지만, 식물분류학에서는 꽃무릇이 아니라, 석산 *Lycoris radiata* (L'Her.) Herb.이라고 부르게 돼 있습니다. 그러나 석산은 '꽃무릇'이라는 우리말 이름에 담긴 살가운 이미지를 드러내지 못하는 듯해 그냥 꽃무릇이라 하겠습니다.

꽃무릇은 대개 무리지어 심어 키우기 때문에 꽃 한 송이를 들여다보는 세밀한 관찰보다 바닥에 낮게 깔린 분위기를 즐기는 게 대부분이지요. 그러나 가까이 다가서서 자세히 바라보면 또 다른 아름다움을 느낄 수 있습니다. 붉은 꽃송이 바깥으로 툭 불거져 나온 꽃술들 덕분이지요. 여섯 개의 수술이 돋아나는 한 송이의 꽃이 여럿 모여서 피어나기 때문에 꽃술은 실제보다 훨씬 많아 보입니다. 8센티미터쯤 되는 기다란 꽃술이 꽃송이 바깥으로 삐죽이 고개를 내밀어 여간 화려한 게 아닙니다. 상사화의 꽃술이 꽃송이 안쪽에 다소곳이 피어나는 것과 사뭇 다른 모습입니다.

상사화와 꽃무릇은 헷갈리기 쉬울 만큼 분위기가 비슷하다고 했는데, 두 식물을 구별하는 좋은 방법이 있습니다. 물론 상사화의 꽃은 분홍색이고, 꽃무릇은 자홍색이 꽃무릇은 상사화보다 훨씬 긴 꽃술이 꽃송이 바깥으로 삐죽이 피며, 잎은 꽃 진 뒤에도 남아 추운 겨울을 난다.

라는 것도 뚜렷하게 다르고, 꽃술의 길이도 분명히 다릅니다. 또 꽃 피는 시기도 다르지요. 초여름이면 먼저 상사화가 피어나고 상사화 꽃 지는 초가을 되어야 꽃무릇 꽃이 피어나거든요. 이 차이에 익숙한 사람들은 금세 구별할 수 있습니다.

초록 잎을 단 꽃무릇의 겨울

그러나 무엇보다 결정적인 차이가 있습니다. 바로 잎 나는 순서입니다. 상사화는 봄에 잎이 돋아나고, 여름에 꽃대를 올려 꽃을 피웁니다. 그러나 꽃무릇은 반대로 잎보다 꽃이 먼저 피어납니다. 잎부터 내고 꽃을 피운 뒤에 가뭇없이 사라지는 상사화와 달리 꽃무릇은 꽃 필 때까지는 적막할 정도로 고요하게 흔적도 없다가 갑자기 꽃대를 올려 꽃을 피웁니다. 그리고 꽃 진 뒤에 비로소 잎을 피워냅니다.

그때는 이미 가을이 깊어가고 다른 나무들이 낙엽을 하며 겨울나기 채비를 서두를 때입니다. 꽃무릇은 초록 잎을 돋운 상태로 겨울을 날 태세인 겁니다. 꽃무릇은 눈 내리는 한겨울에도 초록빛을 잃지 않고 겨울을 납니다. 꽃무릇을 많이 심어 키우는 전라남도 영광의 불갑사라든가, 전라북도 고창의 선운사에서 그런 장관을 본 적이 있지요. 하얗게 눈 쌓인 겨울이어서, 세상은 온통 순백의 차분한 풍경이었어요. 그때 선운사는 입구에서부터 하얀 눈 사이로 초록의 카펫을 깔아놓은 듯했어요. 꽃 진 뒤에 돋아나 추운 겨울을 나고 있는 꽃무릇의 초록 잎들이었습니다. 한두 촉도 아니고, 길 전체에 무성해 잊을 수 없는 장관이었습니다.

상사화와 꽃무릇이 꽃 피웠던 자리를 눈에 잘 담아두었다가 나중에 다시 한번 찾아보면 두 식물의 차이를 확실하게 알 수 있습니다. 꽃 시들어 떨어진 자리에서 잎이 새로 나는지 아닌지를 살펴보자는 것이지요. 꽃 진 자리에서 초록 잎이 돋아나면 그건 꽃무릇이고, 아무 흔적도 없다면 그건 상사화입니다.

세상의 모든 생명이 그렇겠지만 풀꽃 역시 한순간에 그의 모든 것을 볼 수도 느낄 수도 없습니다. 더구나 느리게 살아가는 식물에게 다가가는 가장 좋은 방법은 한 번 보고 두 번 보고 자꾸만 다시 보는 것밖에 없습니다. 상사화와 꽃무릇을 한 번 더 찾아보고 구별하려는 시도는 다른 풀꽃을 보는 데도 이어가야 합니다.

가을의 색, 단풍

#느티나무 #떨켜층 #낙엽 #안토시아닌성분

가을바람 불어오면 나무들은 양식을 지어내느라 수고했던 지난여름의 초록빛을 내려놓고, 잎사귀 속에 감춰두었던 속살을 드러냅니다. 단풍은 한 해의 노동을 마친 나무가 벌이는 축제라고 할 수 있지요. 나무는 빛으로 살아가는 생명체입니다. 가을 들어 나무들이 펼치는 빛깔의 축제도 그들이 빛으로 살아가는 생명체임을 보여주는 아름다운 증거입니다.

봄부터 여름까지 빛으로 살아온 나무들은 가을바람 불어오자 먼저 열매를 돋웁니다. 차분하지만 한 해 중 어느 때보다 옹골찬 몸짓입니다. 너 나 할 것 없이 모든 나무에 조롱조롱 열매가 올라옵니다. 열매의 빛깔은 가을의

걸음걸이를 따라 빠른 속도로 바뀔 겁니다. 노란빛에서 붉은빛, 혹은 영롱한 보랏빛에서 칠흑처럼 검은빛까지 나무들은 제가끔 저마다의 빛깔로 열매를 키웁니다. 덜 익은 거의 대부분의 열매는 나뭇잎을 닮은 초록빛을 띠기 십상이지만 서서히 아름다운 성숙의 빛깔로 바뀔 겁니다.

단풍은 붉은빛만이 아니다

열매보다 먼저 빛깔을 바꾼 건 잎입니다. 단풍입니다. '단풍'이라고 하면 가장 먼저 빨간 단풍나무를 먼저 떠올리겠지요. 물론 단풍의 '단丹'은 붉은색을 가리킵니다. 그러나 단풍은 빨간 빛깔만 이르는 것이 아닙니다. 노랗게 변한 은행나무잎도 우리는 단풍 들었다고 이야기하지요. 결국 단풍이라고 하면 가을에 바뀌는 모든 빛깔을 이야기합니다. 영어권에서 '단풍'을 'Autumn color'라고 하는 건 그래서입니다.

가을바람 스며들면서 창졸간에 잎 위에 떠오른 빛깔은 헤아릴 수 없이 다양합니다. 은행잎은 노랗게 물들고, 갈참나무잎과 굴참나무잎은 붉은 갈색이 또렷하며, 단풍나무잎은 새빨갛지요. 나무마다 가을 빛깔은 제가끔 다릅니다.

 같은 종류의 나무이지만 단풍 빛깔이 다른 경우도 있습니다. 느티나무가 대표적일 겁니다. 느티나무는 바로 곁에 있는 같은 느티나무와도 단풍 빛깔이 다릅니다. 느티나무의 유별난 특징입니다. 붉은빛 단풍의 느티나무가 있는가 하면 환하게 밝은 갈색으로 가을을 보내는 느티나무도 있습니다.

떨켜층을 키워 겨울잠으로

 필경 나무에게 가을은 여느 계절 못지않게 분주한 때입니다. 까닭이 있습니다. 고행의 계절인 겨울을 단단히 채비해야 하는 때문입니다. 에멜무지로 가을을 보낸다면 곧 닥쳐올 북풍한설을 견뎌내지 못하고 생명을 잃을 수도 있습니다. 겨우내 이어질 긴 휴식을 위해서 나무는 준비해야 할 일이 많습니다. 대를 이어 수천 번의 겨울을 이겨낸 나무들이 펼쳐낼 가을 나기 전략입니다.

 겨울의 기운을 감각한 나무가 본능적으로 가장 먼저 하는 일은 잎사귀와 나뭇가지를 잇는 잎자루의 안쪽에 '떨켜층'이라는 새로운 조직을 키워내는 일입니다(잎이 떨어지는 부분이라 해서 '탈리脫離대'라고도 부릅니다). 떨켜층은 미세하지만 단단하게 몸피를 키웁니다. 나무가 떨켜층으로 생명의 통로를 막고 물을 끌어올리지 않는 건, 더 이상 광합성으로 양분을 짓지 않아도, 충분히 열매를 키워나갈 수 있으리라는 자신감이 있기 때문입니다. 한 해 동안 이어온 노동과 갈무리에 대한 자신감을 안고 나무는 여느 짐승들처럼 겨울잠에 들 태세입니다.

드디어 잎자루 안쪽에 키운 떨켜층이 물과 양분이 드나드는 통로를 완전히 틀어막습니다. 떨켜층이 물의 이동통로를 막으니 뿌리에서 더 이상 물이 올라오지 않습니다. 물은 나무의 몸통 바깥의 기온 변화에 가장 민감하게 반응하는 줄기 껍질 부분 물관을 타고 오르내리는데, 이 물관에 남아 있던 물을 모두 덜어내려는 전략입니다. 기온이 영하로 떨어지기 전에 물을 모두 덜어내야 합니다. 물이 얼면 물관이 터져 자칫 생명을 잃을 수도 있기 때문이지요.

낙엽의 방충 효과

시나브로 잎이 마릅니다. 햇빛과 이산화탄소, 그리고 반드시 물이 있어야 할 수 있는 광합성을 이제는 할 수 없겠지요. 광합성을 담당했던 초록의 엽록소는 활력을 잃고 스러집니다. 단풍 든 잎으로 빛깔의 축제를 벌일 순서가 된 겁니다.

나무마다 성분에 차이가 있어서 잎은 노랗거나 붉거나 갈색 등 가지각색의 빛깔을 띠게 되지요. 은행나무나 아까시나무처럼 노란색이 강하게 오르는 나무는 카로티노이드 성분을, 단풍나무와 화살나무같이 빨간색이 화려하게 오르는 나무는 안토시아닌 성분을 많이 포함한 때문입니다. 양버즘나무나 참나무 종류처럼 갈색으로 물이 드는 나무는 탄닌 성분이 많은 것이고요. 한 해 내내 이 땅의 생명들을 먹여 살리며 쉼 없이 양분을 지어왔던 나무들이 이제 노동의 수고를 내려놓고 겨울잠에 들어갈 참입니다. 나뭇잎에 오른 단풍빛은 생명의 애옥살이 끝에 빚어낸 황홀 찬란한 생명의 축제입니다.

겨울잠에 들기 위해 마무리해야 할 일은 아직 남았습니다. 나무는 화려하게 물들었던 단풍잎을 땅 위에 내려놓습니다. 바짝 마른 채 붉게 물든 나뭇잎으로 뿌리 근처의 땅을 덮습니다. 여러 빛깔의 단풍 가운데 안토시아닌이 지어낸 붉은 잎들의 전략은 더더욱 놀랍습니다. 땅에 떨어져 뿌리 부분의 흙을 덮었던 붉은 낙엽은 얼마 지나지 않아 회갈색으로 바뀝니다. 잎 위에 올라왔던 붉은 빛

단풍의 빛깔은 나무마다 성분에 따라 다른데 느티나무는
같은 느티나무더라도 단풍의 색 종류가 다양하다.

깔의 안토시아닌이 나무뿌리 근처의 흙에 스며들었기 때문이지요. 안토시아닌은 강력한 항산화효과를 내는 물질인데, 진딧물을 비롯한 해충의 침입을 막아주는 데도 탁월합니다. 즉 나무는 생명 활동을 중지하고 동물처럼 겨울잠에 드는 무방비 상태에서 해충 방제 성분을 뿌리 부근에 내려놓고 스스로를 보호하는 겁니다.

 말없이 지나온 나무의 한해살이는 그렇게 마무리됩니다. 드디어 고요히 잠들 차례입니다. 눈보라 몰아치는 벌판에서 홀로 찬바람 이겨내야 하는 건 하릴없이 나무에게 주어진 숙명입니다. 고요해 보이지만, 치열할 수밖에 없는 잠자리입니다.

 세상의 모든 생명은 제가끔 자기만의 멋과 아름다움이 있습니다. 그 아름다움에는 살아남기 위한 간절함이 들어 있기 마련이지요. 꽃도 열매도 단풍도 모두 이 땅에 하나의 생명으로 살아남기 위해 나무가 펼쳐낸 아우성입니다. 가을이면 붉게 물든 단풍나무 그늘에 들어서서 나무들이 부르는 생명의 노래에 오래오래 귀 기울여야 할 이유입니다.

낙엽은 나무의 월동 준비
#낙엽성나무 #자양분 #잎자국

나뭇잎이 떨어지기만을 기다리던 때가 있었습니다. 어린 시절이었지요. 남루한 살림살이에 어렵사리 얻게 된 책은 매우 소중했습니다. 한 쪽 한 쪽 아껴가며 읽고 또 읽던 시절, 책 한 권을 더 소중히 혹은 더 예쁘게 간직하고 싶은 마음에 갓 떨어진 잎을 책갈피로 쓰려 했지요.

나뭇잎이 떨어진다는 건 무슨 의미일까요? 낙엽은 생명의 마지막 순간을 가리키는 게 아닙니다. 낙엽이 진다고 해서 나무의 생명에 이상이 생기지 않습니다. 바로 앞 장에서 살펴보았듯이 때로 나무는 낙엽으로 긴 겨울잠의 안전을 보장하기도 합니다. 낙엽은 간단없이 이어지는 생명의 한 페지일 뿐입니다. 사람으로 치면, 일정 시기를 맞아 머리카락이 한 올 두 올 떨어지는 것과 마찬가지입니다.

침엽수도 낙엽을 할까?

낙엽은 나무살이에서 자연스러운 일입니다. 낙엽성 나무뿐 아니라, 사철 내내 푸른 잎을 간직한 소나무와 같은 침엽수는 물론이고, 동백나무나 사철나무처럼 넓은 잎의 상록성 나무도 잎을 떨굽니다. 다만 상록성 나무들은 시간을 두고 한 잎 두 잎, 차례대로 떨구기 때문에 잎을 떨구지 않는 것처럼 보일 뿐이지요.

침엽수의 경우, 한 번 난 잎은 대개 3~5년 정도 매달려 있지요. 물론 예외는 있습니다. 자연에도 늘 예외가 있잖아요. 침엽수인데 돋아난 잎 하나가 무려 45년 동안 떨어지지 않는 아주 특별한 나무도 있습니다. 세상에서 가장 오랜 생명체로 알려진 미국 시에라네바다 산맥의 브리슬콘 소나무 bristlecone pine 가 그런 나무입니다. 무려 4500살이 넘는 이 나무는 느린 속도가 긴 세월을 살아가는 비결일 겁니다. 자연스레 잎도 천천히 떨어뜨리는 겁니다.

세상에서 가장 오랜 생명체로 알려진 미국 시에라네바다 산맥의
침엽수 브리슬콘 소나무. 잎 하나 떨어지는 데 45년이 걸린다.

낮의 길이가 짧아지면
낙엽이 시작된다

낙엽성 나무는 한 해를 마무리하며 잎을 떨굽니다. 잎을 떨어뜨리기 전에 나무는 겨울 채비를 해야 합니다. 봄부터 가을까지 나무를 먹여 살리기 위해 광합성을 하는 동안 잎은 노화가 진행됩니다. 노동의 결과지요. 노화 과정에서 나뭇잎에 담겨 있던 전분과 단백질은 당과 아미노산으로 분해되지요. 나무는 이 양분을 줄기 쪽으로 옮겨줍니다. 그래야 나중에 잎이 떨어지더라도 애써 지은 양분은 나무에 남아 있게 될 테니까요.

낙엽 채비는 낮의 길이가 짧아지면 시작됩니다. 기온이 낮아지는 것도 중요하지만, 식물이 기온보다 더 예민하게 느끼는 건 낮의 길이입니다. 낮이 짧아지면 나무는 겨울이 곧 다가올 것을 알아챕니다. 그러고는 본능적으로 계산을 하지요. 잎을 떨굴 경우와 그렇지 않을 경우 어느 쪽 효율이 더 높은지를 가늠하는 겁니다. 잎을 그대로 둔다면 잎 속의 엽록소는 적으나마 광합성을 하겠지요. 그러나 낮의 길이가 줄어드니 광합성 효율은 줄어들 수밖에 없는데 그나마 잎을 유지하려면 일정한 에너지가 필요합니다. 똑똑하게도 나무는 그걸 계산해냅니다. 만일 광합성을 통해 지어내는 에너지의 양이 잎을 유지할 때

양버즘나무의 잎. 겨울의 낮 길이가 짧아지면서 광합성이 줄어드는 것이 낙엽이 지는 이유 중 하나다.

드는 에너지보다 많다면 잎을 떨굴 필요가 없겠지요. 하지만 가을 무렵 계산 결과는 잎을 유지하는 데 드는 에너지가 더 크다고 나옵니다.

아직 계산은 끝나지 않았습니다. 또 다른 변수가 있지요. 겨울 기후를 감안하는 겁니다. 겨울은 기온이 낮기도 하지만 건조하기도 하죠. 기후가 건조하면 증산작용이 더 활발해지면서 잎에서 수분이 날아갑니다. 수분을 많이 잃으면 겨울을 나는 데 치명적일 수 있어요. 결단을 내릴 계산은 끝났습니다. 나무는 이제 낙엽을 하기로 결정합니다. 앞에서 겨울 기운이 느껴지면 곧바로 나무는 '떨켜층'을 지어내고 뿌리에서 더 이상 물을 끌어올리지 않게 된다고 이야기했습니다. 나뭇잎이 초록을 잃고 단풍 드는 건 다음 순서이지요.

그리고 다시 일정 시간이 지나면 잎은 떨어지고 그 자리에 흔적을 남깁니다. 식물학에서 엽흔葉痕이라고 하는 부분입니다. 우리말로는 '잎 자취'라고 하면 되겠지요. 국립수목원에서 펴낸『알기 쉽게 정리한 식물용어』에는 '잎자국'이라고 했더군요. 잎자국은 나뭇가지에서 잎으로 물을 이동시키거나 잎에서 지어낸 양분을 이동시키던 통로의 단면입니다. 이 잎자국이 나무마다 달라서 전문가들에게는 중요한 식물 관찰 과제이기도 합니다. 심지어

가죽나무의 잎자국. 나뭇가지에서 잎으로 물을 이동시키거나 잎의 양분을 이동시키는 통로의 단면이다.

잎자국만으로 나무를 구별하기도 한다지만, 일반인으로서는 어려운 일이지요.

낙엽의 이유

낙엽의 이유는 크게 두 가지로 정리할 수 있습니다. 낮이 짧아지고 날씨가 추워지면서 잎이 광합성을 하기 어려워진다는 게 첫째 이유입니다. 기온이 낮아지면 흙의 수분도 함께 얼어붙어서 뿌리가 물을 빨아올리기 어려워지니까요. 결국 겨울에는 햇빛도 수분도 활용할 가능성이 떨어지는 겁니다. 공연히 잎을 유지하는 데 에너지만 낭비하게 되는 꼴입니다.

낙엽에는 또 다른 이유가 있습니다. 겨울 되면 나무 위에도 소복이 쌓이게 될 눈이 문제입니다. 눈은 비와 달라서 나뭇잎 위에 쌓이게 되고, 그대로 얼어붙기도 합니다. 비는 아무리 많이 내려도 잎 위에 머무르지 않지만 눈은 쌓입니다. 나뭇잎 위에 쌓인 눈의 무게를 감당하지 못한 나뭇가지가 구부러지고 심지어 줄기까지 부러져 급기야 나무가 죽게 될 수도 있습니다. 그 같은 치명적 사태를 방지하기 위해서라도 나뭇잎을 떨어뜨리고 겨울을 나는 게 나무에게 유리한 겁니다.

낙엽에는 미래를 대비한 계산까지 겹쳐집니다. 도시에서는 '지저분한' 쓰레기로 순식간에 치워지지만, 자연 상태에서 낙엽은 나무에게 꼭 필요한 존재입니다. 뿌리 곁에 소복이 쌓인 낙엽은 서서히 썩어갑니다. 잘 썩은 나뭇잎보다 좋은 거름은 없습니다. 죽어서도 다음 생명의 자양분이 되는 겁니다.

알고 보면 자연은 사람 못지않게 치밀한 계산으로 제 생명을 이어갑니다. 심지어 어느 하나도 허투루 낭비하는 게 없습니다. 세상의 모든 자연은 끊임없이 돌고 도는 순환의 고리로 이어진다는 걸 낙엽은 보여주는 겁니다.

한겨울에도 단풍 든 나무가 있다?
#은행나무 #잎비 #남천 #상록성나무

우리나라에서 무척 크고 오래된 은행나무*Ginkgo biloba* L. 가운데 하나인 원주 반계리 은행나무 그늘에서 깊어가는 가을을 맞이했던 적이 있습니다. 나뭇잎이 온통 형광빛의 노란색으로 물들었던 날이었습니다. 이 나무가 널리 알려지면서 이제는 관광명소 못지않게 찾는 이가 끊이지 않지만, 20년 전쯤 그때는 나무의 거대한 그늘 아래에서 홀로 사색에 잠길 수도 있었지요. 그날도 홀로 나무를 바라보며 느직이 시간을 보내는데, 바람이 우우 불어오자 나무는 노란 은행잎을 떨구기 시작했습니다. 하염없이 날리는 노란 낙엽은 마치 머리며 등짝을 마구 두드리는 듯 강렬했지요.

그때 문득 떠오른 단어가 '잎비'였습니다. 봄에 활짝 피었다가 낙화하는 벚꽃을 보면서 흔히 '꽃비'라는 표현을 쓰잖아요. 낙엽이 낙화 못지않게 아름답다고 생각했고, 소낙비처럼 화들짝 쏟아지는 낙엽을 표현하려면 '비'에 비유하는 게 좋았던 모양입니다. '잎비'만큼 좋은 표현이 없지 싶었습니다. 국어사전에 등재되지 않은 단어지만, 참 알맞춤한 표현이라는 생각이었지요. 그때부터 낙엽을 이야기할 때면 자주 쓰게 되는 낱말이 '잎비'입니다. 잎비, 생경해서 더 근사한 표현입니다. 꽃비를 연상하고, 꽃비와 대조할 수 있다는 것도 이 표현을 놓칠 수 없는 이유입니다. 잎이 꽃에 비해 덜 아름다울 것도 없으며, 기능의 중요성도 결코 떨어지지 않으니까요. 나뭇잎은 봄부터 가을까지 생명의 원동력 역할을 하느라 고생고생하고 마지막 순간에 환하게 빛깔을 바꾸고 떨어집니다. 대관절 이보다 더 아름다운 생명의 고비가 있을까 싶습니다.

세상의 모든 나뭇잎은 아름답습니다. 잎이 우리 눈앞에 머무르는 긴 시간 동안 하릴없이 익숙해진 까닭에 아름다움을 채 느끼지 못하곤 하지만요. 그러나 단풍 들고 낙엽 지는 짧은 순간만큼은 꽃 피고 지는 순간과 마찬가지로 누구라도 장엄한 아름다움을 느낄 수 있습니다.

고깔 모양 꽃과 빨간 열매가
특징인 남천

은행나무 잎비의 감동을 마음에 품은 지 얼마 지나지 않은 겨울날, 강화도 매화마름 군락지 근처의 어느 아담한 찻집을 찾았습니다. 그 며칠 전에 내렸던 큰눈이 채 녹지 않아 찻집 주변은 온통 순백이었습니다. 창가에 앉아 상큼한 차향을 즐기며 창밖을 내다보는데, 빨간 잎이 돋보이는 키 작은 나무가 눈에 들어왔습니다. 한눈에도 알아볼 수 있는 나무, 남천이었습니다.

매자나무과에 속하는 남천*Nandina domestica* Thunb.은 중국과 일본에서도 볼 수 있는 낮은 키의 상록성 나무로, 남부지방에서 잘 자라는 데다 공해에도 강해서 도시에서도 키우기 좋은 나무입니다. 잘 자라야 고작 3미터 정도 높이이니 조경수로 키우기 좋지요. 얼마 전까지만 해도 노지에서 월동하기 어렵다고 했던 중부지방에서도 요즘은 산울타리 나무로 많이 심어 키웁니다. 도시의 근린공원에서도 남천으로 가꾼 울타리를 종종 볼 수 있더군요.

여름 시작할 즈음 가지 끝에서 고깔 모양을 이루며 피어나는 하얀색 꽃차례꽃이 줄기나 가지에 붙어 있는 상태도 좋고, 한겨울에 빨갛게 맺히는 열매도 아름다운 게 분명하지만, 남천의 진짜 아름다움은 잎에 있습니다. 상록성 나무

남천의 작은 꽃은 여름에
고깔 모양으로 한데 모여 피어난다.

남천잎은 잎자루 양쪽에 작은 잎이
새의 깃털 모양으로 돋아나는 깃꼴겹잎이다.

인 남천의 잎은 조금 두껍습니다. 물론 동백나무, 사철나무, 호랑가시나무에 비하면 여려 보입니다. 게다가 겹잎으로 나는 잎은 여느 상록성 나무에 비해 작은 편입니다. 하나의 잎자루 양쪽에 새의 깃털 모양으로 차례차례 작은 잎(소엽)이 돋아나는 '깃꼴 모양 겹잎'인데, 작은 잎 사이가 성글어서 더 여려 보입니다. 그 작은 잎 하나하나가 참 예쁩니다. 잎자루 없이 돋아나는 작은 잎의 아래쪽은 둥글고 위로 오르면서 날카롭다고 해도 될 만큼 뾰족합니다. 잎 가운데 작은 건 길이가 고작 3센티미터밖에 안 되고, 길어봐야 10센티미터 정도입니다. 이 작은 잎들이 성글게 돋아난 깃꼴겹잎은 볼수록 예쁩니다.

상록성 나무에 드문 겨울 단풍

이 예쁜 잎이 돋보일 때는 겨울입니다. 겨울바람 불어오면 남천은 지난여름에 꽃 피었던 자리에 열매를 맺습니다. 고작해야 지름이 8밀리미터밖에 안 되는 작은 열매이지만, 빨갛게 맺힌 열매가 무리를 지어 고깔 모양을 이루어 여간 예쁜 게 아닙니다. 하얀 눈 소복이 쌓인 가운데 빨갛게 돋아난 열매가 잎보다 먼저 눈길을 끌지 모릅니다.

그러나 겨울 남천의 진짜 아름다움은 붉게 단풍 든 잎에 있습니다. 상록성 나무의 잎은 대부분 겨울이 되어도 초록의 푸른 잎을 그대로 유지하지만 남천은 다릅니다. 잎은 그대로 달고 있는 상록성 나무지만, 그 잎에 붉은 단풍 물이 오른다는 거죠. 초록일 때도 예뻤던 잎이건만 빨갛게 단풍이 든 채로 겨울을 보내는 모습은 참 신비롭습니다. 잎 아래의 줄기와 가지에까지 홍조를 띠는 걸 확인하고 나면 남천에 대한 겨울 인상은 잊히지 않을 겁니다. 빨간 열매와 함께 붉게 물든 단풍잎으로 겨울을 나는 남천은 아마도 어떤 상록성 나무에서도 만나기 어려운 겨울 단풍의 아름다움입니다.

잎비 맞으며 가을을 더 깊이 느끼게 해주었던 은행나무, 겨울의 흰 눈 속에서도 붉게 물든 단풍잎을 그대로 달고 서 있는 남천, 모두가 나무의 진정한 아름다움은 잎에 있음을 한 번 더 생각하게 합니다.

플라타너스는
24시간 공기정화 중
`#양버즘나무` `#화백의비늘잎` `#기공` `#미세먼지`

해마다 봄이면 사람들은 나무 이야기를 많이 합니다. 특히 도시 사람들에게 나무는 어쩔 수 없이 회자하는 주제입니다. 아름다운 계절인 건 틀림없지만 우리의 봄은 미세먼지와 황사로 뿌옇게 흐린 날이 더 많아 탈입니다. 그때마다 사람들은 나무를 떠올리지요. 여러 가지 미세먼지 대책이 거론되기는 합니다만, 나무만큼 미세먼지를 흡수하는 데 효과적인 건 없으니까요.

사실 도시에는 나무가 많습니다. 어쩌면 산촌이나 농촌 못지않게 나무가 많은 곳이 도시일 겁니다. 물론 그루수로 치면 숲으로 둘러싸인 농촌에 비해 적겠지만 종류로 치면 도시가 훨씬 다양합니다. 도시에서 가장 많이 눈에 띄는 나무는 가로수지요. 사람들의 눈길이 머무르지는 않아도 모든 도로에는 가로수가 있습니다. 종류도 다양합니다. 벚나무, 이팝나무처럼 예쁜 꽃을 피우는 나무가 있는가 하면, 메타세쿼이아처럼 높이 솟아오르는 키 큰 나무가 있고, 은행나무처럼 우리와 친근하게 지내온 나무도 있지요.

왜 도시의 나무가 되었을까

가로수 가운데 가장 많은 종류는 아마도 흔히 '플라타너스'라고 부르는 양버즘나무*Platanus occidentalis* L. 일 겁니다. 양버즘나무는 대관절 무슨 까닭에서 세계적으로 환영받는 가로수가 됐을까요. 벚나무, 이팝나무처럼 아름다운 꽃을 피우는 것도 아닌 데다, 줄기 껍질이 마치 버짐 핀 얼굴처럼 얼룩진 바람에 겉모양이 그리 아름답거나 훤한 게 아니잖아요.

여기에는 까닭이 있습니다. 도시를 푸르게 만든다는 목적을 고려하면 대부분 넓은잎나무들이 합당합니다. 거기에 매연과 공해에 강하면서도 덧붙여 미세먼지 등의 오염물질을 정화하는 능력까지 갖춘 나무라면 좋겠지요. 그런 나무 가운데 대표적인 나무가 양버즘나무인 거죠.

플라타너스로 불리는 양버즘나무는 넓은 잎 표면의 솜털로 미세먼지를 흡착하는 기능이 뛰어나다.

이미 이름에서 짐작하겠지만 양버즘나무는 버즘나무의 한 종류입니다. 학명이 플라타너스인 나무들이 모두 버즘나무 종류이고, 그 가운데 버즘나무와 양버즘나무가 있다고 보면 되는 거죠. 버즘나무와 양버즘나무는 약간의 차이가 있습니다. 버즘나무의 잎은 잎가장자리가 깊게 파인 반면 양버즘나무는 잎가장자리에 톱니가 발달하기는 했으나, 깊게 패지 않는다는 점입니다. 아마 요즘 도시의 길거리에서 보는 대개의 플라타너스는 양버즘나무라고 해도 틀리지 않을 겁니다. 버즘나무는 거의 찾아보기 어렵거든요.

미세먼지 흡착에 유리한
나뭇잎의 솜털

양버즘나무는 매연이 심한 도로변에서 공기를 깨끗이 할 의무를 띠고 시커먼 먼지를 뒤집어쓰고 살아갑니다. 나무가 미세먼지와 매연을 빨아들이는 원리는 간단합니다. 식물도 사람처럼 숨을 쉬어야 합니다. 그 숨을 쉬는 기관이 바로 잎에 존재하는 기공이라는 미세한 숨구멍입니다. 숨을 쉰다고 했는데, 여기에는 사람하고 조금 다른 점이 있지요. 낮에는 탄소를 빨아들여 광합성을 하고 산소를 배출하며, 밤에는 그 반대로 산소를 흡수하고 탄소를 내뿜습니다. 결국 나뭇잎 표면의 미세한 기공으로는 하루 종일 쉴 새 없이 공기가 들락날락한다는 거죠. 미세먼지를 이야기할 때는 나뭇잎이 흡수하는 게 산소인지 탄소인지 중요하지 않습니다. 공기가 들락거린다는 것만 생각하면 됩니다.

도시의 공기에는 미세먼지가 많잖아요. 미세먼지는 산소든 탄소든 들락거리는 공기를 따라 기공으로 빨려 들어가 들러붙습니다. 공기 중의 미세먼지가 나뭇잎에 들러붙으니, 공기 중의 미세먼지가 줄어들게 되는 겁니다. 그러니까 기공이 많을수록 미세먼지를 빨아들여 흡착하는 양이 많겠지요.

그러면 어떤 잎이 기공이 많을까요? 나무마다 차이는 있지만, 대개 잎의 표면적이 넓으면 넓을수록 기공의 숫자가 많습니다. 그래서 양버즘나무가 떠오르는 겁니다.

양버즘나무의 잎은 여느 나무에 비해 넓습니다. 게다가 매연이나 공해에 버티는 힘이 강한 나무여서 도시의 가로수로는 더 알맞춤하죠. 게다가 양버즘나무의 넓은 잎의 표면에는 얼핏 보아서 구별할 수 없는 매우 작고 가는 솜털이 촘촘히 돋아 있습니다. 이 작은 솜털은 미세먼지와 매연을 흡착시키는 데 발군의 능력을 발휘합니다.

도시의 나쁜 공기를 빨아들여 정화하는 가로수로 더 좋은 나무가 있을 수 없습니다. 이런 이유로 양버즘나무를 세계 곳곳에서 가로수로 널리 심어 키우게 된 겁니다. 심지어 공해 걱정이 그리 크지 않았을 기원전 5세기 무렵의 그리스에서도 가로수로 플라타너스 종류의 나무를 심었다는 이야기가 전해옵니다.

화백 비늘잎의 미세먼지 흡수량

한 가지 흥미로운 이야기를 보탭니다. 얼마 전 발표된 국립산림과학원의 연구 결과 가운데 '도시 가로수로 적합한 수종'을 골라낸 적이 있습니다. 이 연구에서는 양버즘나무보다 화백*Chamaecyparis pisifera* (Siebold&Zucc.) Endl.이라는 나무의 미세먼지 흡수 능력이 더 뛰어나다고 했습니다. 화백은 향나무, 측백나무, 편백과 함께 측백나무과에 속하는 나무로, 그 잎은 향나무와 비슷합니다. 측백나무과에 속하는 이 나무들의 잎은 바늘잎이라고도 하지만, 좀더 세밀하게는 '비늘잎'이라고 하지요. 잎이 여느 바늘잎나무처럼 가느다랗긴 하지만, 바늘처럼 가느다란 잎이 물고기 비늘처럼 촘촘히 나뉘어 있기 때문이지요. 그런데 이 가느다란 비늘잎이 어떻게 넓은 잎의 양버

화백의 촘촘한 비늘잎 표면에는 미세한 주름이 많아
양버즘나무잎 못지않게 기공이 많다.

즘나무보다 미세먼지를 더 많이 흡수할까에 대해 의문이 생기겠지요. 연구에 따르면 화백잎 표면에는 미세한 주름이 굉장히 많다고 합니다. 이 주름을 평평하게 펴면 양버즘나무잎의 표면 못지않게 넓은 면적이 나온다는 거죠. 그 잎의 표면에는 양버즘나무잎보다 많은 기공이 존재한다고 합니다. 게다가 가을이면 잎 지는 양버즘나무와 달리 화백은 상록성 나무여서 겨울에도 끊임없이 미세먼지를 흡수하니, 전체적으로 미세먼지 흡수량이 높을 수밖에 없다는 겁니다.

돌아보면 양버즘나무든 화백이든 나무는 사람이 만들어내는 공기 중의 온갖 더러운 배출물들을 빨아들여서 사람이 사는 환경을 깨끗이 해줍니다. 나무가 사람에게 주는 혜택의 끝을 알기 어려운 만큼 고마운 노릇입니다.

나뭇잎이 돌아가는 곳
`#주목` `#항암성분` `#퇴비장`

　세상의 모든 나무는 사람살이에 요긴하게 활용되는 소재입니다. 나무의 활용이라 하면 아무래도 목재를 먼저 떠올리실 겁니다. 물론이지요. 나무의 가장 돋보이는 쓰임새이니까요. 다음으로는 열매를 먹을거리로 이용하는 경우도 떠올리시겠지요. 가을에 감나무에서 맺는 감, 밤나무에 열리는 밤은 좋은 먹을거리이지요.

　목재나 열매처럼 두드러지지 않아도 나무의 쓰임새는 헤아리기 어려울 정도로 많습니다. 약재로 쓰이는 경우도 있잖아요. 일상적으로 복용하는 의약품 성분의 상당 부분은 식물에서 가져옵니다. 제조 과정을 일일이 확인하기 어려워 눈에 뜨이지 않을 뿐이지요. 이를테면 사람

활의 재료로도, 항암제 성분으로도 쓰이는 주목은
요긴함 덕분에 '살아 천년, 죽어 천년'이라는 별명이 있다.

이 겪는 거의 모든 병에 대한 처방을 담은 『동의보감』의 약재 대부분은 식물이라는 걸 떠올려보세요. 한방에서만 그런 건 아닙니다. 양방에서도 식물을 원료로 하는 의약품은 많습니다. 아니 대부분입니다.

항암제로 쓰이는 주목나무

백두대간 지역에서 많이 자라는 주목*Taxus cuspidata* Siebold&Zucc.의 경우를 보지요. 줄기에서 붉은빛이 난다 해서 붉을 '주朱'와 나무 '목木'으로 이름 붙인 나무입니다. 주목은 현대 의약계에서 각광받는 나무입니다. 바로 항암제의 원료가 주목인 때문이지요.

자라는 속도가 더딘 주목은 '살아 천년, 죽어 천년'이라는 별명이 있습니다. 이는 죽어서도 나무의 거의 모든 부분이 사람살이에 요긴하게 쓰인다는 뜻입니다. 어느 한 부분도 버릴 게 없는 나무가 주목입니다. 조선 시대에는 주목을 활의 재료로 이용했는데, 그전까지 벚나무로 만들던 활에 비해 사거리가 훨씬 길어져서 화력을 높일 수 있었다고 합니다.

주목에서 특히 주목할 부분은 잎입니다. 주목의 잎은 깃털 모양으로 돋아납니다. 잎 하나의 길이가 2센티미터쯤 되고, 너비는 3밀리미터 정도입니다. 가운데가 살짝 튀어나온 표면은 짙은 녹색이고 뒷면에는 나란한 두 줄이 선명한데, 이게 기공입니다. 상록성이어서 잎을 달고 겨울을 나지만, 여느 상록성 나무와 마찬가지로 한 번 난 잎은 3년 정도 되면 떨어집니다.

이 잎에 탁시닌taxinine의 화합물인 디테르펜diterpenes이라는 물질이 있습니다. 잎뿐 아니라, 새로 난 1년생 가지에도 탁시닌이 있습니다. 또 줄기 껍질에는 항백혈병과 항종양 작용을 하는 택솔taxol이 들어 있지요. 이 성분이 신장병과 당뇨병 치료에 효과가 있다고 합니다. 또 택솔을 비롯한 탁시닌 화합물은 항암치료제의 성분으로 탁월해서 항암제 제조에도 쓰입니다. 현대인 건강의 골칫거리 가운데 하나인 암 치료에 바로 주목이 쓰인다는 겁니다.

주목은 나무의 여러 조직에 항암 성분이 있다는 점에서 극적인 경우이지만, 나뭇잎이 약품으로 쓰이는 경우를 들자면 한이 없을 겁니다. 물론 나뭇잎 외에 나뭇가지와 줄기, 또는 꽃이나 열매에서도 많은 의약품의 원료를 얻는 게 사실입니다.

은행잎 퇴비장

대개의 도시에서는 나뭇잎을 성가신 쓰레기 취급하는 게 사실입니다. 도시를 아름답게 물들이던 은행나무 낙엽도 곧바로 쓸어내곤 하잖아요. 낙엽을 포대에 쌓아두었다가 어디론가 싣고 가는 트럭을 보신 적이 있으신가요?

최근에 흥미로운 소식이 있었습니다. 은행나무 낙엽을 이용할 방법이 없어 태워버리는 게 대부분인데, 이때도 비용이 듭니다. 이를테면 1톤의 낙엽을 안전하게 태우려면 약 20만 원이 든다고 합니다. 늘 비용의 경제성을 궁리하는 도시 사람들은 낙엽의 효과적인 활용법을 생각했어요. 그래서 먼저 생각한 것이 '낙엽 퇴비장'이라는 겁니다. 거리의 가로수 낙엽을 퇴비장에 모아 1톤의 낙엽 뭉치에 미생물 발효제를 1리터쯤 넣어 발효시킵니다. 발효가 완료되면 쓰레기 취급받던 낙엽이 질 좋은 유기질 퇴비로 바뀐다는 겁니다. 자연 상태의 숲에서 낙엽이 자연 발효되면 좋은 거름이 된다는 사실을 이용한 거죠. 특히 은행잎에는 병충해에 강한 성분이 많아서 해충 방제에도 효과적이라고 합니다.

이 아이디어를 시행한 서울의 한 지자체에서는 한 해 동안 무려 1800톤의 낙엽을 거둬들여 만든 퇴비를 구민들에게 무료로 제공한다고 합니다. 낙엽의 소각처리 비용도 아끼고, 친환경 방식으로 텃밭 농사를 짓는 구민들에게 훌륭한 퇴비를 제공하는 일석이조의 효과를 거둔 겁니다.

산책로의 낭만

좀더 낭만적인 방법도 있습니다. 다른 낙엽은 둘째치고, 노랗게 물든 은행나무잎을 필요로 하는 곳을 찾은 거죠. 노란 은행잎을 좋아하는 사람들이 적지 않다는 데 착안한 특별한 방법입니다. 은행나무 낙엽이 깔린 낭만적인 산책로를 필요로 하는 곳으로 바로 강원도 춘천의 남이섬이 있었습니다. 남이섬에서는 은행나무 낙엽 쌓인 길이 가을 관광의 포인트가 될 수 있다는 걸 서울 송파구 사람들이 떠올린 겁니다. 그래서 가로수에서 떨어진 은행나무잎을 모아 남이섬으로 보내 낭만적 산책로를 만든 겁니다. 남이섬은 송파구와 협약을 맺어 산책로에 아예 '송파 은행길'이라는 이름을 붙였습니다.

어느 쪽이든 도시에서 쓰레기 취급받던 나뭇잎이 가장 나뭇잎답게 일생을 마치게 된 겁니다. 유기질 퇴비를 만드는 일이라든가, 필요한 곳에 낙엽을 제공하는 일은 그

뒤로 점점 더 확대되어간다고 합니다. 나뭇잎이 나무에서 떨어진 뒤에도 여전히 사람살이를 더 풍요롭게 하는 데 쓰이는 아름다운 사례입니다.

이야기 속 나뭇잎 1

나무 이름은 어떻게 지을까?
비자나무·팔손이

대개 나무 이름은 열매 이름을 따 붙이는 경우가 많습니다. 이를테면 사과가 열리는 나무는 사과나무이고, 밤이 열리면 밤나무, 감이 열리면 감나무라는 식이지요. 약간 변형되는 경우도 있지요. 솔방울이 열리니까 솔방울나무, 혹은 솔나무라고 해야 하겠지만, 'ㄹ'이 탈락하면서 소나무로 부르는 거죠.

그러나 나무 이름을 붙이는 데 한 가지 원칙만 있는 건 아니지요. 나뭇잎의 특징을 바탕으로 이름 붙인 나무도 적지 않습니다. 우선 비자나무*Torreya nucifera* (L.) Siebold&Zucc.라는 나무가 그렇지요.

비자나무는 남부지방에서 잘 자라는 나무로, 예전에 스님들이 공들여 키운 나무입니다. 스님들은 비자나무 열매를 거둬서 절집 식구들은 물론이고, 이웃의 마을 사람들과 나눠 먹었다고 합니다. 비자 열매는 영양이 풍부해서 먹을거리가 흔치 않던 시절에 좋은 간식거리였을 뿐 아니라, 구충제 성분까지 있다는 이유에서였지요. 또 변비 치료나 기름을 짜는 데도 쓰였으며, 눈을 밝게 하고 양기를 돋우며 강장 장수를 위한 약재로도 효과가 좋았다고 합니다. 실제로 『본초강목本草綱目』에는 비자가 '복중腹中의 사기邪氣를 물리치고 기생충을 없애고 뱀이나 벌레에 쏘인 독을 치료하며 사체死體로부터 전염되는 병을 치료한다'고 기록되었습니다. 또한 『동의보감』에는 '비자를 하루 일곱 개씩 이레 동안 먹으면 촌충이 없어진다'고도 돼 있지요.

비자나무에서 맺히는 열매를 비자라고 부릅니다. 그러니까 열매 이름을 따라 이름이 붙여졌다고 볼 수도 있습니다. 그러나 비자나무의 경우는 앞뒤가 바뀌었습니다. 비자나무라는

잎 모양이 아닐 비柿 자를
닮은 비자나무

이름이 처음 지어질 때의 사정을 정확히 알 수는 없지만, 이 나무를 처음 비자나무라고 부를 때는 열매의 이름이 없었던 듯합니다.

'비자'는 나무의 잎사귀가 아닐 비非 자를 닮았다는 데서 비롯됐다고 합니다. 비자나무의 잎은 가운데 굵은 잎맥이 돋아 있고, 한자 모양처럼 잎맥 양옆으로 작은 잎들이 돋아나거든요. 이 잎을 보고 아닐 비非 자를 떠올리며 아예 나무 이름을 비자나무라 한 거라는 이야기입니다. 그렇게 나뭇잎 이름으로 불러오던 끝에 이 나무에서 맺히는 열매를 '비자'라고 부르게 된 것 아닌가 싶은 겁니다.

그런데 우리 나무 이름의 유래에는 여러 가지 설이 함께 전합니다. 일테면 일제강점기에 발간한 『조선식물향명집朝鮮植物鄕名集』에서는 비자나무의 이름이 잎 모양에서 기원했다는 설이 잘못됐다고 지적하고 있기도 합니다. 그러나 비자나무라는 이름이 처음 지어질 때의 기록이 정확히 남지 않아 확실히 말할 수는 없습니다.

비자나무가 조금 애매한 경우라면, 분명하게 잎 모양을 놓고 이름 붙인 나무가 팔손이*Fatsia japonica* (Thunb.) Decne.&Planch.입니다. 잎 한 장의 지름이 거의 40센티미터에 이르고, 잎자루만도 30센티미터나 되는 독특한 나무입니다.

잎이 여덟 갈래로 나뉜 데서
이름이 유래한 팔손이

잘 자라면 5미터쯤 크는 팔손이는 따뜻한 지방에서 자라는 나무인데, 우리나라의 남부지방에는 집집마다 울타리에 한두 그루씩 심어 키웁니다. 팔손이는 특히 제주도에서 많이 볼 수 있습니다. 제주의 올레길을 걷다 보면 작은 숲에서는 물론이고, 살림집 울타리에서도 쉽게 만날 수 있지요.

팔손이라는 이름이 좀 투박하게 느껴지기는 하지만 그래서인지 정겹기도 합니다. 그 이름이 바로 잎 모양에서 따온 겁니다. 커다란 잎이 여덟 갈래로 나뉘기 때문에 붙인 이름입니다. 하지만 실제로는 여덟 갈래보다는 일곱이나 아홉 갈래로 나뉜 잎이 더 많습니다. 한 장의 나뭇잎이 여러 갈래로 나뉘었다고 했지만, 큰 잎사귀의 가장자리가 애초에 깊숙이 파인 모양으로 돋아난 겁니다. 잎가장자리가 파인 부분을 '결각缺刻'이라고 부릅니다.

팔손이에는 이름과 그 모양에 걸맞은 전설도 전합니다. 오래전 어느 왕국에 살던 공주와 공주가 아끼던 시녀에 얽힌 이야기입니다. 어느 날 시녀가 공주의 방을 청소하다가 거울 앞에 놓인 쌍가락지를 보았어요. 주변을 살피던 시녀는 부러움에 가락지를 자신의 손가락에 끼워보았습니다. 이 손가락 저 손가락에 차례대로 끼워보며 즐거워하다가 엄지손가락에 끼웠습니다. 그런데 엄지손가락에 끼웠던 가락지가 빠져나오지 않았어요. 시녀는 할 수 없이 엄지손가락을 숨기고 다녀야 했습니다. 이 쌍가락지는 돌아가신 왕비가 공주에게 준 생일 선물이었습니다. 공주에게는 매우 소중한 보물이었지요. 쌍가락지를 잃은 공주는 임금에게 반지를 찾아달라고 했고, 임금은 궁궐 안의 모든 사람을 조사했지요. 한 사람씩 몸 수색을 하고 손가락에 공주의 가락지가 끼워져 있는지를 조사했습니다. 그때 손을 숨기고 다니던 그 시녀는 엄지손가락을 가리고, 여덟 손가락만 내놓았다고 합니다. 그때 하늘이 임금을 속이려 한 시녀의 죄를 벌했어요. 벼락이 내리쳐서 시녀는 그 자리에서 숨을 거뒀습니다. 그리고 얼마 뒤, 시녀가 죽은 자리에서 한 그루의 나무가 솟아났는데, 그 나무에서 돋아난 이파리가 여덟 손가락만 내놓았던 시녀의 넋을 상징하듯 잎이 여덟 개로 갈라져 있었다는 이야기입니다.

팔손이는 잎이 크고 싱그러워서 자칫 외국에서 들여온 열대식물의 하나인 줄로 여기게 되는데, 엄연한 우리 토종 식물입니다. 파꽃을 닮은 소박한 꽃을 피우는 나무이지만, 잎사귀가 넓어서 잘 키우면 주변 분위기를 무척 삽상하게 돋웁니다.

파꽃을 닮은 팔손이꽃

생육조건이 까탈스럽지 않아 아무 데서나 잘 자라는 팔손이는 울타리 가까이에서 키우면 얼마 뒤에 울타리 너머 옆집에도 새로 한 그루의 팔손이가 돋아날 만큼 생명력이 탁월합니다.

최근에는 공기정화 식물로 팔손이를 키우는 가정도 늘어나고 있다고 합니다. 중부지방에서라면 노지에서 월동하기 어렵지만, 아파트 베란다처럼 추위를 막아줄 수 있는 곳이라면 너끈히 키울 수 있습니다. 그러나 워낙 왕성하게 잘 자라는 나무여서 아파트 베란다에서는 공간을 크게 차지한다는 단점이 있습니다. 그래서 최근에는 넓은 잎은 똑같지만, 토종 팔손이만큼 크게 자라지 않도록 선발한 새로운 품종이 중부지방 화원에 널리 퍼져 있습니다. 누구라도 반려식물로 우리 토종 팔손이를 가까이에서 키울 수 있는 상황이 된 겁니다.

2.
나뭇잎 자세히 보기

300년 된 느티나무는 잎이 몇 장일까?

`#느티나무잎개수`　`#솔잎개수`　`#보호수`　`#웰위치아`

　잘 자란 느티나무 *Zelkova serrata* (Thunb.) Makino 한 그루에서 돋아나는 잎은 몇 장이나 될까요. 이런 질문을 던져본 적이 별로 없으실 겁니다. 질문을 떠올린 적이 있다 해도 그걸 헤아릴 엄두는 내지 못하셨겠지요. 물론 어린 느티나무라면 조금만 공을 들여도 헤아릴 수 있을 겁니다. 그러나 앞에서 '잘 자란'이라고 표현한 건, 대략 300살 넘은 느티나무를 이야기하는 겁니다. 굳이 300살을 짚어서 이야기한 건, 우리나라의 옛 마을들을 지키는 커다란 느티나무의 나이가 대개 그쯤 되는 때문입니다.

　산림청 보호수 목록에 등록된 1만 3천 그루 정도의 보호수 가운데 느티나무가 무려 7080그루로 전체의 약

산림청 보호수 목록에 등록된 나무 가운데 느티나무는 약 54퍼센트를 차지하며 그 평균 나이는 300살가량이다.

54퍼센트입니다. 그런데 이 느티나무의 평균 나이가 바로 300살 정도 됩니다. 느티나무 보호수 가운데 어린 나무는 100년을 살짝 넘지만, 1천 년을 넘긴 나무도 적지 않거든요. 그 평균이 300년쯤 되기에 '잘 자란 나무'의 기준으로 잡은 겁니다. 이런 '잘 자란 느티나무'는 대개 마을 한가운데라든가 마을 어귀에서 당산나무나 정자나무로 살아갑니다.

나무의 생명력은 잎에 들어 있다

다시 처음으로 돌아가서 그 느티나무 한 그루에는 대관절 몇 장의 잎이 돋아날까요. 답을 얻기가 불가능해 보이지만, 식물학자들이 그 잎의 수를 헤아려 냈습니다. 실제로 한 그루의 나무 전체를 놓고, 한 잎 두 잎 헤아리지는 않았을 겁니다. 아마도 나무의 일정 구역을 지정한 뒤, 그 안의 나뭇잎 수를 헤아린 뒤에 전체를 계산하는 방식이었겠지요. 그렇게 해서 나온 결과는 무려 500만 장이었습니다. 정확한 결과라고 하기는 어렵습니다. 더 많을 수도 있고, 더 적을 수도 있습니다만, 누구도 그걸 틀렸다 하면서 근거를 제시할 수 없겠지요.

나무의 중심을 이루는 건 줄기이지만, 나무의 생명력

은 잎에 들어 있습니다. 그러니까 나뭇잎이 얼마나 왕성하게 돋아나는가는 나무가 얼마나 건강한지를 확인하는 가장 빠른 방법입니다. 이를테면 나무의 건강 상태를 확인하기 위해서 식물학자들은 나뭇가지 끝부분의 잎 상태를 살핍니다. 가지 끝부분의 잎이 중간의 잎보다 작거나 혹은 성기게 돋아났다면, 그 나무는 뿌리 건강에 문제가 생긴 거라고 봅니다.

느티나무잎을 이야기했지만, 조금 더 이어가볼까요? 300년쯤 된 느티나무에서 500만 장의 잎이 돋아난다면, 다른 나무는 어떨까요? 나무의 전체적인 생김새나 잎 모양까지 느티나무와 비슷한 느릅나무나 팽나무의 경우는 크게 다르지 않을 겁니다.

300살 소나무, 솔잎의 개수는?

느티나무와 전혀 다른 침엽수는 어떨까요? 소나무를 한번 볼까요? 300년쯤 자란 소나무 한 그루에 돋아난 솔잎은 몇 개나 될까요? 소나무는 가느다란 바늘잎이 두 개씩 모여 나지요. 하나의 가지에 솔잎이 자잘하게 돋아나니, 모두 헤아리면 금세 수백 개를 넘어갈 겁니다. 그러니 300년쯤 된 소나무 한 그루의 잎은 500만

개를 훌쩍 넘어서지 않을까 싶습니다.

그런데 여기에서는 침엽수의 생육 특징을 돌아보아야 합니다. 나뭇잎은 광합성을 하는 기관이잖아요. 광합성을 잘하기 위해서 잎은 뿌리에서 물을 공급받고, 공기에서 탄소를 빨아들여 저장한 뒤에 하늘의 햇살을 받아야 합니다. 그런데 만일 아래쪽의 나뭇가지에서 돋아난 바늘잎이 햇살을 제대로 받지 못한다면, 침엽수들은 그 잎이 빨아들일 물과 탄소를 절약하기 위해 아예 잎을 떨궈버리고 만답니다(이 내용은 269쪽 「나뭇잎의 구조조정」 장에서 더 자세히 이야기하겠습니다).

햇살을 받지 못하는 잎을 떨궈버리면서 자라는 소나무는 잎의 개수 계산이 복잡합니다. 주변의 훼방 없이 햇살을 환히 받을 수 있는 곳에서 자라는 소나무라면 가지도 넓게 펼치고 잎도 무성하게 돋워낼 것이며, 솔잎 역시 아무리 시간이 지나도 애초에 그랬던 것처럼 가는 잎을 유지할 겁니다. 이런 상황에서 자라는 소나무가 앞에서 예를 들었던 느티나무와 같은 크기라면 그 잎의 수는 느티나무와는 비교할 수 없을 정도로 많을 수 있습니다.

그러나 햇살이 잘 들지 않는 깊은 숲이라든가, 다른 조형물이 드리운 그늘에서 자라는 소나무라면 상황은 달라집니다. 그늘진 부분의 잎이 죄다 떨어졌을 테니까요. 햇살이 닿는 곳에만 남아 있는 솔잎의 수는 턱없이 적을 겁니다. 아무리 키가 크고 오래된 소나무라 하더라도 느티나무처럼 잎이 많이 달리지는 못할 겁니다.

잎 두 장으로 2천 년을 살아가는 식물

나뭇잎 헤아리는 법을 이야기하다 보니, 아주 특별한 식물 하나가 떠오릅니다. 이 식물은 여느 나무와 달리 아주 쉽게 잎의 수를 헤아릴 수 있습니다. 게다가 몇 해 전에 헤아렸던 잎의 개수가 오랫동안 그대로입니다. 바로 웰위치아 *Welwitschia mirabilis* Hook.f.라는 식물입니다.

웰위치아는 아프리카의 사막 지역에서만 자라는 희귀식물입니다. 잘 자라봐야 고작 50센티미터 정도밖에 못 자라는 식물인데요. 정말 특이한 건 잎입니다. 평생 동안 벨트 모양으로 돋아난, 딱 두 장의 잎으로만 살아간다는 겁니다. 잎이 어지럽게 말려 있는 데다 엉키고 찢어지면서 여러 장으로 보이지만 분명 두 장이라고 합니다. 놀라운 건 딱 두 장의 잎으로 무려 2천 년 넘게 사는 신비로운 고대 식물이라는 점입니다.

아프리카 사막 지역에서 자라는 희귀식물 웰위치아는
딱 두 장의 잎으로 무려 2천 년 넘게 살아간다.

한 그루에 무려 500만 장의 잎을 달고 300년을 살아가는 식물이 있는가 하면, 딱 두 장의 잎으로 2천 년을 살아가는 식물이 있다는 게 놀랍습니다. 식물의 세계, 한 걸음 나아가서 자연의 세계는 신비로 가득한 세계라고 하지 않을 수 없습니다.

나무 관찰의 첫걸음, 잎의 구조

#잎자루 #잎몸 #잎맥 #홑잎겹잎 #손꼴겹잎 #깃꼴겹잎

잎의 구조를 짚어보아야 하지 싶네요. 나무마다 똑같은 잎은 하나도 없습니다. 심지어 하나의 나무에서조차 똑같은 잎은 없습니다. 그러나 모든 식물의 잎에는 공통적인 구조가 있어요.

잎은 크게 잎몸과 잎자루로 구성됩니다. 잎자루는 나뭇가지에서 나뭇잎으로 연결되는 부분이지요. 그저 연결해주는 역할만 한다고 생각할 수 있지만, 중요한 기능이 있어요. 대개의 잎자루는 가늘고 길쭉한 모양입니다. 잎자루의 기능에 대해서는 이 책의 첫 장에서 이야기했습니다만, 다시 한번 간단히 짚어봅니다.

잎자루가 가늘고 길게 발달하는 건 바람에 쉽게 팔랑

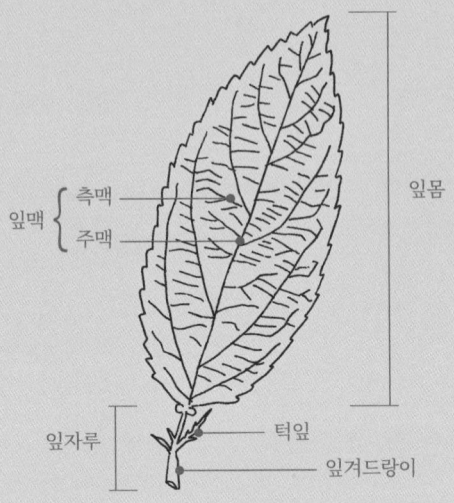

잎몸과 잎자루

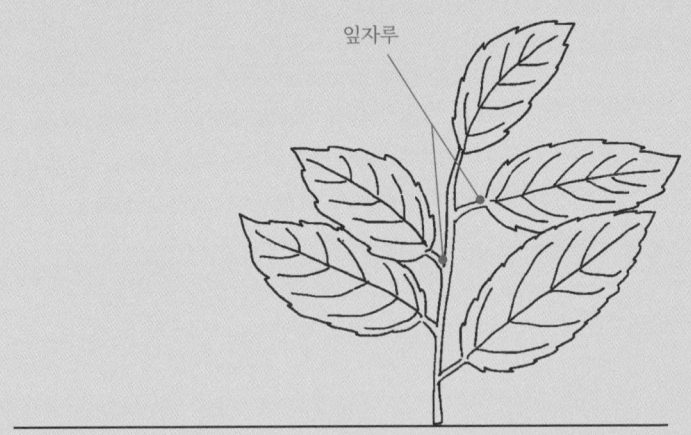

잎자루가 있는 잎

거려 잎몸의 열을 식히고 잎에 오른 곤충들을 유연하게 떨어내기 위해서입니다. 한 가지 덧붙이자면 잎몸을 움직여서 공기를 더 많이 닿게 하려는 전략도 숨어 있습니다. 그래야 더 많은 이산화탄소를 잎으로 끌어들여서 왕성하게 광합성을 할 수 있으니까요.

그런데 잎자루는 모든 식물의 잎에 있지 않습니다. 식물에는 쌍떡잎식물과 외떡잎식물이 있습니다. 씨앗이 뿌리를 내리고 줄기를 올리는 과정에서 처음 돋아나는 잎을 떡잎이라고 하는데, 이 떡잎이 한 장인 것을 외떡잎식물이라 하고, 두 장이 마주보고 돋아나는 걸 쌍떡잎식물이라고 합니다. 그 가운데 대개 외떡잎식물에는 잎자루가 없습니다. 줄기와 잎을 연결하는 자리에 잎자루 대신 잎집이라는 게 발달합니다. 잎집은 옥수수에서처럼 줄기를 감싸고 잎을 지탱하는 부분을 말합니다. 그러나 우리가 지금 이야기하는 대부분의 나무들은 쌍떡잎식물이며, 잎집이 있는 경우는 없습니다.

생존을 위한 잎몸의 활발한 활동

잎자루 끝에는 잎몸이 달립니다. 잎몸의 가장 중요한 기능은 무엇보다 광합성입니다. 광합성

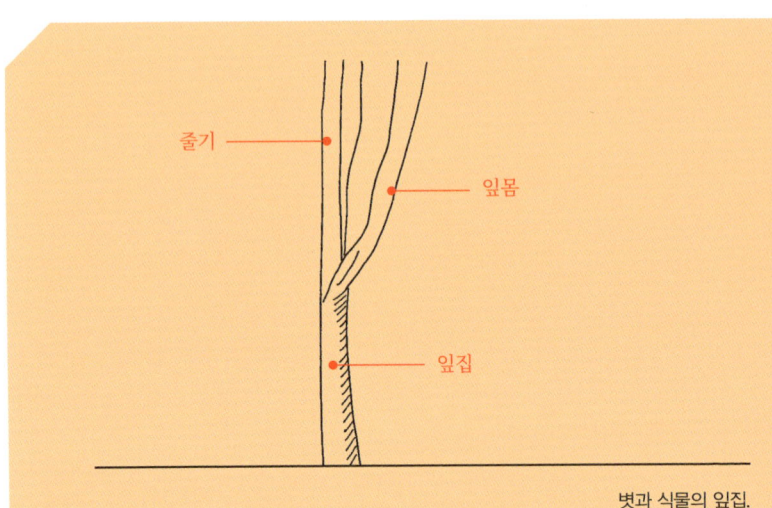

볏과 식물의 잎집.
대개의 외떡잎식물은 잎자루 대신 잎집이 발달한다.

을 효율적으로 하기 위해서 햇빛을 최대한 많이 쬐고, 공기에 넓게 접촉해 탄소를 더 많이 흡수하도록 잎몸은 넓게 발달하는 게 좋습니다. 광합성에 대해서는 다른 장에서 자세히 다루었으니 여기서는 다른 기능을 살펴보지요.

잎은 세균과 곰팡이의 공격에 취약한 부분이어서, 그들의 침입을 막아낼 수 있어야 합니다. 병원균에 대한 저항력을 가져야 한다는 거죠. 따라서 잎몸은 영양물질을 지나치게 많이 함유하지 않고, 꼭 필요한 영양분만으로 살아가야 합니다. 또 맛이 좋아서도 안 됩니다. 그러면 초식동물의 공격을 받을 수밖에 없고, 초식동물이 잎을 뜯어 먹는 동안 세균이나 곰팡이의 침입을 받을 수도 있겠지요. 또 잎몸은 증산작용으로 물을 내뿜기는 하지만, 그렇다고 해서 필요 이상의 많은 양을 잃어서도 안 됩니다. 일정한 양의 물을 함유할 수 있도록 잎 표면은 방수 기능도 갖추어야 하지요.

잎몸에서 자세히 살펴볼 조직이 있습니다. 잎몸의 표면에는 헤아릴 수 없이 많은 기공이 있습니다. 기공은 워낙 미세한 조직이어서 모든 기공이 차지한 자리를 합해 봐야 대략 잎 표면의 1퍼센트 미만이 됩니다.

대개의 기공은 잎몸의 윗면보다는 아랫면에 더 많습니다. 윗면에 기공이 많으면 아무래도 물을 너무 많이 날려 보내 잎이 말라버릴지도 모르거든요. 물을 적게 내보내기 위해서 햇살이 닿지 않는 아랫면에 집중적으로 자리한 겁니다. 또 잎몸의 윗면에는 공중으로 날아다니는 곰팡이 포자라든가 세균과 같은 미생물이 붙을 가능성이 높지 않겠어요? 그들이 기공을 통해 나뭇잎 안으로 들어가는 걸 피하기 위해서라도 기공은 잎의 아래쪽을 더 선호하게 된 겁니다.

나뭇잎의 핏줄, 잎맥

잎몸에서 눈에 띄게 나타나는 부분은 잎맥입니다. 잎맥은 나뭇잎의 핏줄이라고 생각하면 됩니다. 잎맥의 모양에 따라 식물을 분류하기도 해서, 나무의 지문으로 비유하기도 합니다. 잎맥은 대개 그물처럼 사방으로 고르게 확산하는데 그걸 '그물맥' 혹은 '망상맥'이라고 부릅니다. 이 경우 잎몸의 가운데에 나타나는 굵은 잎맥을 주맥이라고 합니다. 주맥을 중심으로 가는 맥이 사방팔방 퍼져 나가지요. 이를 측맥이라고 부릅니다. 그리고 각각의 측맥에는 더 가늘게 퍼져 나가는 세맥이 있습니다. 잎 전체에 고르게 퍼져 있는 세맥은 뿌리에서 끌어올린 물을 잎몸에 골고루 전달하는 최종 조직이고, 거꾸로 잎몸에서 광합성으로 지어낸 당을 처음으로 끌어

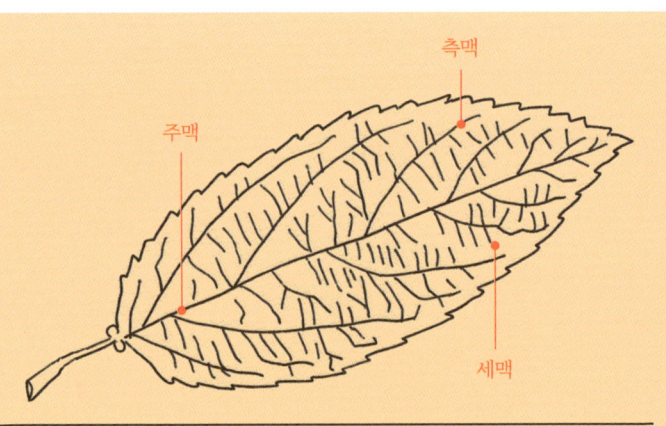

잎맥의 구조

들이는 조직이기도 합니다.

잎맥은 동물로 치면 혈관이라고 봐도 틀릴 것이 없습니다. 생명의 근원인 셈입니다. 또 앞에서 잎맥을 지문에 비유하기도 한다는 이야기를 했는데요. 실제로 잎맥은 한 그루의 나무에서도 같은 게 하나도 없습니다. 모두가 제가끔 다른 모양의 잎맥을 가집니다. 가끔은 햇살이 환하게 비치는 나무 그늘에 들어서서 햇살 아래 선명하게 비치는 잎맥의 모양이 만들어내는 만화경을 즐겨보는 것도 아주 즐거운 식물 관찰 방법의 하나입니다.

잎이 나는 모양에 따른 구분

이제 잎 모양에 대해서 짚어보지요. 잎은 단엽과 복엽으로 나누어 이야기합니다. 한자어라서 언뜻 와닿지 않을 수 있습니다. 우리의 근대식물학 체계 연구가 일제강점기에 일본인 학자들의 손에서 이루어지기 시작한 때문에 식물학 용어의 상당 부분이 일본식 한자어로 이루어진 건 어쩔 수 없습니다. 식물학뿐 아니라, 근대 과학 분야 대부분이 그렇잖아요. 오랫동안 그때 만들어진 용어를 써왔습니다만, 최근에는 분야별로 전문용어의 한글화 운동이 진행되는 중이지요. 식물학 분야에서도 한글화 운동이 진행되고는 있지만, 좀 더딘 듯합니다.

단엽, 복엽을 우리말로는 '홑잎' '겹잎'이라고 합니다. 홑잎은 잎몸이 여럿으로 갈라지지 않고 하나인 경우를 말합니다. 물론 잎몸의 가장자리가 깊게 갈라지는 경우가 있습니다만, 따로 나눠지지 않은 경우는 모두 홑잎입니다. 예를 들면 단풍나무잎은 아무리 깊게 갈라졌다 하더라도 결정적으로 나눠지지 않은 한 장의 잎이잖아요. 이런 경우를 말하는 겁니다. 간단히 말하자면 하나의 잎자루에 잎이 홀로 달렸으면 홑잎이라고 한다는 겁니다.

겹잎은 조금 복잡합니다. 겹잎은 한 평면 위에 여러 장의 작은 잎이 나뉘어 있는 경우입니다. 하나의 잎자루 위에 여러 개의 작은 잎들이 제가끔 따로따로 돋아난 경우입니다. 예를 들어 가장 흔히 볼 수 있는 겹잎이 아까시나무입니다. 아까시나무의 잎은 하나의 잎자루에 여러 개의 작은 잎이 줄지어 돋아났잖아요. 이런 경우를 겹잎이라고 부릅니다.

겹잎은 다시 또 우상복엽과 장상복엽으로 나눠서 이야기합니다. 또다시 한자어가 나오는데요. 우상복엽의 우상은 깃 '우羽'에 모양 '상狀'을 쓴 겁니다. 우리말로 하자면 깃꼴겹잎이고 손바닥 '장掌'을 쓴 장상복엽은 '손꼴겹잎' 혹은 '손모양겹잎'이라고 합니다.

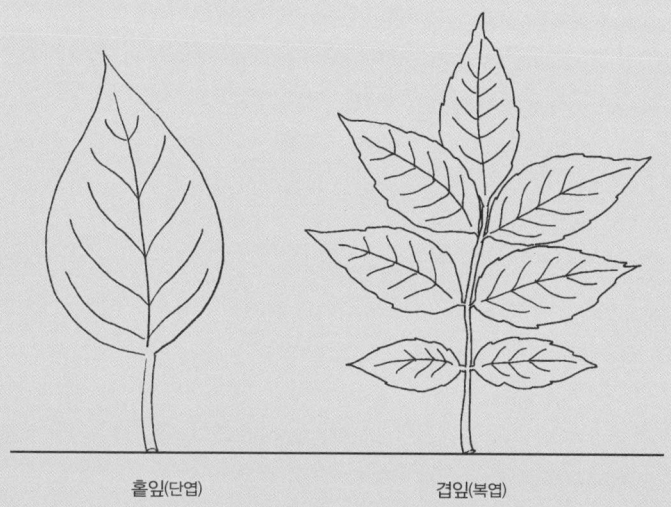

홑잎(단엽) 겹잎(복엽)

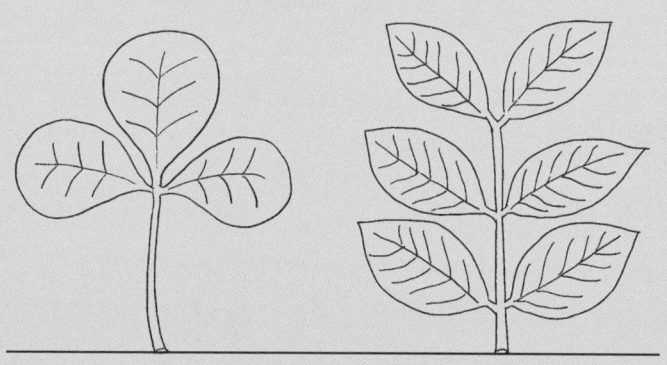

잎자루 하나에서 여러 장이 깃털 모양으로 패턴을 이루는
모여 나는 손꼴겹잎(장상복엽) 깃꼴겹잎(우상복엽)

깃꼴겹잎은 말 그대로 깃털 모양으로 패턴을 이루며 돋아나는 잎을 말하는데, 앞에서 이야기한 아까시나무 잎이 대표적이지요. 그밖에도 가죽나무, 자귀나무의 잎이 모두 깃꼴겹잎입니다. 손꼴겹잎은 하나의 잎자루 끝에서 여러 장이 모여 나는 경우를 말하는데요. 대표적인 경우가 칠엽수입니다. 마로니에로 더 많이 부르는 칠엽수의 경우, 잎자루 끝에 다섯 장에서 일곱 장의 작은 잎이 모여 있잖아요. 이밖에도 토끼풀이나 괭이밥처럼 석 장씩 모여 나는 경우 역시 하나의 잎자루 끝에 여러 장의 작은 잎이 모여나기 때문에 손꼴겹잎으로 부릅니다.

  나뭇잎의 구조를 너무 복잡하게 이야기한 건 아닌가 싶습니다. 게다가 익숙지 않은 식물학 용어가 많아서 헷갈릴 수도 있을 겁니다. 용어는 차츰 순우리말로 순화하는 과정이 진행되기를 기대해야 하겠습니다. 조금 복잡해도 잎의 구조를 알아두면 나무 관찰은 필경 더 즐거워질 겁니다.

세상에서 가장 잎이 큰 식물
#라피아야자 #빅토리아수련 #가시연꽃 #야간개화종 #수생식물

세상에서 제일 큰 잎이 달린 것은 어느 식물이고, 대관절 얼마나 클까요? 기네스북에 등록된, 세상에서 잎이 가장 큰 식물은 라피아 야자 *Raphia farinifera* (Gaertn.) Hyl.와 아마존 대나무 야자 *Raphia taedigera* (Mart.) Mart.입니다. 라피아 야자는 인도양 마스카렌 제도에서, 아마존 대나무 야자는 남아메리카와 아프리카에서 자라는 식물로 우리나라에서는 볼 수 없는 열대식물입니다. 이들 식물의 잎은 길이가 무려 20미터나 되고, 잎자루만도 4미터나 되는 어마어마한 크기입니다. 잎자루와 잎을 합하면 24미터, 웬만한 나무 높이보다도 훨씬 깁니다. 그런데 이들의 잎은 '겹잎'입니다. 하나의 잎자루에 여러 장의 홑잎이 다닥다닥

붙어서 난다는 거지요. 홑잎 한 장만 놓고 보면 가장 큰 건 아니지만, 식물학적으로는 여러 장이 달린 겹잎을 한 장의 잎으로 보아야 하니, 이 기록이 틀린 이야기는 아니지요.

그래서 한 장의 홑잎만으로 그 규모가 어마어마하게 자라나는 수생식물이 떠오릅니다. 역시 이 땅에 자생하지는 않지만, 최근에는 우리나라의 곳곳에서도 볼 수 있게 된 식물입니다.

수반을 닮은 거대한 원형 잎, 빅토리아수련

지름이 무려 3미터에 이르는 어마어마하게 큰 잎을 펼치고 물에서 자라는 빅토리아수련입니다. 빅토리아수련에는 두 가지 종류가 있는데, 하나는 아마존 유역에서 자라는 아마조니카 빅토리아수련 *Victoria amazonica* Sowerby이고, 다른 하나는 파나마 지역에서 자라는 크루지아나 빅토리아수련 *Victoria cruziana* Orb.입니다. 우리나라에서 자라는 수련과 친연 관계에 있는 식물이라고 할 수 있습니다. 그래서 살아가는 과정에 수련과 차이도 있지만 비슷한 점이 많습니다. 이를테면 꽃이 피고 지는 생

빅토리아수련은 해 저물면 피어나서 이른 아침까지
화려한 꽃을 보여주는 야간 개화종이다.

태가 그렇습니다.

수련이 아침에 해를 바라보며 꽃을 피웠다가 해가 중천에 오르면 서서히 꽃잎을 닫기 시작해 저물녘에는 완전히 오므린다는 건 이미 이야기했지요. 그 반대로 해 떨어질 때 꽃잎을 열기 시작해서 밤새 꽃을 피우고는 이튿날 아침에 꽃송이를 닫는 종류도 있습니다. 이들을 '야간 개화종'이라고 나누어 부릅니다. 야간 개화종 가운데는 어느 날 갑자기 꽃이 피어나서 고작해야 두세 시간 정도만 피었다가 곧 지는 종류가 있는가 하면, 해 저물면 피어나서 이른 아침까지 짙은 어둠 속에서 화려한 꽃을 보여주는 종류도 있습니다. 빅토리아수련은 야간 개화종입니다.

잎이 크다고 이야기했지만, 꽃송이도 지름이 무려 40센티미터까지 벌어질 만큼 큰 식물이어서, '수생식물의 여왕'이라는 별명으로도 불립니다. 빅토리아수련의 어마어마하게 큰 잎은 마치 컴퍼스를 대고 그린 것처럼 정확한 원형을 이룹니다. 특이한 것은 원형의 잎가장자리가 수직으로 꺾여 올라간다는 겁니다. 꽃꽂이할 때 사용하는 수반을 닮았습니다. 그런데 만약 단순한 수반 모양이라면 비가 올 때 빗물이 고일 것이고, 고인 물이 오래 남아 있으면 잎이 썩을 가능성이 높습니다. 그래서 수반처럼 수직으로 꺾인 부분을 빙 둘러서 살펴보면 반드시 한쪽에는 영문 V 자와 같이 열린 부분이 있습니다. 잎 위에 물이 고이지 않게 하려는 전략입니다. 참 치밀합니다.

또한 물속에 잠긴 잎의 아랫면을 비롯해 줄기와 꽃봉오리 껍질 부분에 날카로운 가시가 돋아나지요. 이 가시가 그야말로 징그러울 정도로 억세게 돋아 있지요. 우리 땅에서 자라는 수생식물 가운데 멸종위기식물인 가시연꽃과 꼭 닮은 모습이어서, 얼핏 보고 '가시연꽃'이라고 말하는 사람도 있긴 합니다. 그러나 가시연꽃은 잎 전체가 평면이고, 빅토리아수련은 가장자리가 수직으로 꺾여 올랐다는 게 결정적으로 다릅니다.

꽃의 색이 달라지는 개화 과정

빅토리아수련의 개화 과정은 더 특별합니다. 빅토리아수련은 사흘 동안 꽃이 피어나는데, 하루하루 꽃의 변화가 놀라울 정도로 뚜렷합니다. 첫째 날은 한낮에 꽃봉오리 가장자리가 살짝 벌어지면서 개화의 기미를 보입니다. 그리고 저물녘이면 새하얀 꽃잎의 꽃봉오리를 벌리기 시작합니다. 이때부터 꽃잎 열리는 속도

가장자리가 수직으로 꺾여 올라간 빅토리아수련잎은
한쪽이 V 자로 열려 있어 물이 고이지 않는다.

가 빨라서 가만히 지켜보면 꽃잎의 꼼지락거림을 확인할 수 있을 정도입니다. 그리고 자정에서 새벽 1시 정도에 완전히 벌어집니다. 잘 익은 파인애플 냄새를 닮은 강한 향기도 이즈음 절정을 이룹니다. 반경 5~6미터쯤 떨어진 물가에서도 충분히 맡을 수 있을 정도지요. 이때를 정점으로 서서히 꽃잎을 닫기 시작해서 이튿날 아침이면 꽃송이가 완전히 오므라듭니다.

그렇게 하루를 보내고 둘째 날 오후가 되면 다시 꽃잎을 열기 시작하는데, 첫째 날 피었던 꽃송이와 전혀 다른 모습을 드러냅니다. 순백이었던 꽃잎은 자줏빛이 도는 붉은빛으로 바뀌었습니다. 꽃잎의 끝부분이 안쪽을 향해 잔뜩 오므린 상태였던 것도 달라졌습니다. 둘째 날의 꽃잎은 바깥쪽으로 젖혀진 상태입니다. 역시 자정 무렵에 절정을 이룬 붉은 꽃은 두 번의 밤을 보낸 뒤 천천히 물속으로 가라앉습니다. 신비로운 여왕의 삼일천하는 그렇게 환상적으로 마무리됩니다.

빅토리아수련 튜브

빅토리아수련 관련 사진에 빼놓을 수 없는 게 있지요. 바로 그 커다란 잎 위에 사람이 올라가 있는 장면입니다. 얼마 전에는 우리나라 남쪽의 어느 절집에서 빅토리아수련의 잎 위에 어린아이 세 명을 앉혀놓고 찍은 사진이 화제가 되었던 적이 있습니다. 한 장의 잎이 지름 3미터 정도로 널찍하니, 어린아이 세 명이 앉아도 모자라지 않습니다. 아이들의 무게를 지탱하고 물 위에 떠 있는 데는 비밀이 있습니다. 바로 잎에 촘촘히 뻗어 있는 잎맥 안쪽에 넉넉한 양의 공기가 채워져 있어 부력을 가진다는 거죠. 마치 헤엄칠 때 쓰는 튜브와 같은 겁니다. 사람이 올라타도 쉽게 가라앉지 않을 수밖에요.

특별한 잎, 특별한 꽃으로 사람의 곁에서 오래 살아온 빅토리아수련의 개화는 식물 관찰의 극적인 묘미를 보여줍니다. 단 사흘 동안만 보여주는 이 과정은 아마도 식물 관찰에서 빼놓을 수 없는 신비로운 경험이 될 겁니다.

한 가지 짚고 넘어가겠습니다. 빅토리아수련잎이 지름 3미터를 넘고, 꽃송이가 지름 40센티미터에 이른다고 했는데, 이건 원산지에서의 상황입니다. 우리나라의 기후는 아무래도 그들이 살아가기에 쉽지 않은 모양입니다. 우리나라에서 키우는 빅토리아수련들은 잘 자라기는 하지만, 원산지에서만큼 크지는 않습니다.

나뭇가지 한가운데, 꽃이 피다

#히포글로숨루스쿠스 #아쿨레아투스루스쿠스 #월계관

식물의 잎을 이야기하면서 빼놓을 수 없는 특별한 식물이 있습니다. 잎이 보여줄 수 있는 모든 특별함 가운데 가장 극적이라 흔히 '궁극의 잎'으로 불리는 식물입니다.

루스쿠스 종류가 그들입니다. 우리 땅에 자생하는 식물은 아니지만 최근에는 꽃집에서 종종 만날 수 있습니다. 천리포수목원을 비롯한 몇몇 식물원에서도 볼 수 있고요. 루스쿠스는 여섯 종류가 있는데, 그 가운데 천리포수목원에서는 히포글로숨 루스쿠스*Ruscus hypoglossum* L.와 아쿨레아투스 루스쿠스*Ruscus aculeatus* L.의 두 종류를 볼 수 있습니다.

루스쿠스 보물찾기

　　　　루스쿠스는 유럽 서부와 남부를 비롯해 북서 아프리카와 서남아시아 지역에서 자라는 식물로 잘 자라야 1미터 정도까지 자라는 게 고작인 상록성 관목입니다. 이 나무의 특별함은 바로 잎에 있습니다. 여느 식물에서 관찰할 수 없는 독특함을 띤 잎이지요. 낮은 키의 나무이다 보니, 가만히 쪼그리고 앉아 관찰하지 않는다면 그 독특함이 쉽게 드러나지 않습니다.

　천리포수목원을 찾아오는 사람들에게는 '퀴즈'나 '보물찾기'로 루스쿠스를 이야기합니다. 루스쿠스가 자라는 천리포수목원의 겨울 정원은 여럿이 모이기에는 비좁거든요. 그래서 정원 입구의 조금 널찍한 자리에서 "겨울 정원에는 아마도 세상 어디에서도 볼 수 없는 독특한 잎이 달린 식물이 있다. 그걸 찾아서 나무 앞에 세워놓은 표찰의 이름을 확인해보시라"는 식이지요. 루스쿠스 찾기 게임을 권하는 데는 까닭이 있습니다. 천리포수목원의 루스쿠스는 고작해야 어른 무릎 높이로 50센티미터 정도밖에 안 되거든요. 이리저리 아무리 주변을 둘러본다 해도 선 자세로는 루스쿠스잎의 특별함을 관찰할 수 없습니다. 식물을 관찰하기 위해서는 더 낮은 자세로 더 자세히 관찰해야 한다는 걸 이 퀴즈를 푸는 동안 경험해

루스쿠스잎의 한가운데에는 똑같이 생긴 또 하나의 작은 잎이
반대 방향으로 돋아나고, 이 작은 잎 아래에서 꽃이 핀다.
하지만 잎처럼 보이는 부분은 실상 '가지'다.

보시라는 의도입니다.

잎과 잎 사이에 꽃이 피었다?

　루스쿠스는 평범해 보이는 잎의 한가운데 똑같이 생긴 또 하나의 작은 잎이 반대 방향으로 돋아나 있습니다. 잎 위에 또 하나의 잎. 여느 식물의 잎에서는 볼 수 없는 현상입니다. 그것만으로도 특별하달 수 있는데, 꽃 피어날 때는 더 놀랍습니다. 루스쿠스의 꽃은 잎에서 솟아난 또 하나의 작은 잎 아래쪽에 숨어서 피어납니다. 위에서 바라본다면 절대로 눈에 안 띄는 자리입니다. 잎 위의 잎을 우산처럼 뒤집어쓰고 아주 자잘하게 피어나기 때문에 위에서는 보이지 않거든요.

　대개의 꽃은 가지 끝에서 피어나거나 잎겨드랑이 부분에 살포시 숨어서 피어나지요. 그러나 루스쿠스 종류는 잎 한가운데 또 한 장의 잎을 거꾸로 돋워내면서 그 사이에 꽃을 피웁니다. 이런 형태로 피어나는 꽃은 루스쿠스를 제외한 다른 어떤 식물에서도 볼 수 없습니다.

　여기서 '잎'이라고 이야기했지만, 식물 구조상 잎으로 보이는 부분은 잎이 아니라 '가지'라고 보아야 합니다. 가지의 분열조직이 옆으로 넓게 퍼지면서 마치 잎처럼 보이는 것이라는 이야기이죠. 그러고 보면 루스쿠스에게는 잎이 없는 겁니다. 잎 위에서 꽃이 피어난다는 건 특별한 일이지만, 잎처럼 보이는 가지 위에서 꽃이 피어났다고 하면 알쏭달쏭하기는 해도 이해의 실마리를 찾을 수 있습니다. 루스쿠스는 잎이 없고 가지만 있으며, 그 가지와 가지 사이에서 꽃이 피어난다고 볼 수 있다는 거지요.

하지만 아무리 들여다봐도 루스쿠스 꽃이 피어 있는 자리는 잎처럼 보입니다. 잎은 결코 꽃이 피어날 자리가 아닌 게 분명한데, 눈앞에 보이는 루스쿠스는 분명히 잎과 잎 사이에서 꽃이 피어난 겁니다. 결국 잎처럼 보이는 넓은 가지와 그보다 조금 좁고 작은 가지 사이에서 꽃이 피어난다고 이해해야 할 겁니다. 작은 꽃송이도 볼수록 신비롭습니다.

다섯 장의 가느다란 꽃잎으로 피어나는 꽃은 워낙 작아서 주저앉아 땅에 닿을 정도로 머리를 숙여야 겨우 보입니다. 이 앙증맞은 꽃이 진 다음에는 당연히 다른 식물들과 마찬가지로 그 자리에 열매가 맺힙니다. 열매는 1센티미터가 채 안 되는 작은 크기의 동그란 구슬 모양입니다. 우리 눈에는 초록의 크고 작은 잎 사이에서 빨갛게 맺힌 구슬 모양의 열매 또한 놀랍고 아름답기만 합니다.

아쿨레아투스 루스쿠스
vs. 히포글로숨 루스쿠스

최근에는 여러 화원에서 루스쿠스 종류를 수입해 판매한다고 합니다. 대개는 아쿨레아투스 루스쿠스를 구할 수 있다고 합니다. 잎처럼 생긴 넓은 가지 위에서 꽃을 피우는 건 똑같습니다.

천리포수목원의 겨울 정원에는 아쿨레아투스 루스쿠스 외에 히포글로숨 루스쿠스라는 종류가 하나 더 있는데요. 크기만 차이가 있을 뿐, 잎처럼 보이는 가지 위에서 꽃이 피는 신비로운 현상은 다를 바 없습니다. 히포글로숨 루스쿠스가 아쿨레아투스 루스쿠스보다 덩치가 좀 크고 잎처럼 생긴 가지도 보다 넓습니다. 크기가 작은 아쿨레아투스 루스쿠스도 분명히 꽃을 피우기는 하지만, 워낙 작아서 관찰은 쉽지 않습니다. 꽃을 선명하게 보여주는 건 히포글로숨 루스쿠스 쪽이지요.

루스쿠스 종류를 서양의 민간에서는 '말의 혀'라는 별명으로도 부른다고 합니다. 잎처럼 보이는 넓은 가지 위에 돋은 또 하나의 잎이 난데없이 뻗어 나온 말의 혀처럼 보여서 붙인 별명인 듯합니다. 또 옛날에는 카이사르의 월계관을 만들 때 바로 이 루스쿠스를 사용했다는 이야기도 전합니다. 이 나무의 원산지인 유럽 쪽에서는 오래

전부터 많은 사람들이 생활에 활용했던 모양입니다.

허투루 바라보면 그냥 그게 그것인 듯한 잎사귀이지만, 생김새나 역할은 제가끔 다릅니다. 식물 관찰의 가장 큰 즐거움은 작고 미묘한 차이 가운데 루스쿠스꽃처럼 신비로운 현상을 발견하는 데 있습니다. 식물을 제대로 알기 위해서는 그의 앞에 오래 머물러야 하고, 조금이라도 더 가까이, 온몸으로 다가서야 합니다. 루스쿠스 앞에 발이 저릴 정도로 오래 쪼그리고 앉아서 꽃송이에 눈을 맞춘 경험이 있는 사람이라면, 필경 다른 숲에서도 식물의 신비를 느낄 채비가 충분히 된 것입니다.

잎이 나는 방식

#목서 #호랑가시나무 #굴거리나무 #마주나기 #어긋나기

가까이 지내는 시인 한 분이 "호랑가시나무가 참 예쁘게 자랐어요"라는 설명과 함께 사진 한 장을 보내주었어요. 처음에는 그냥 "아, 그렇네요"라고만 답했지요. 휴대전화기 화면 속의 호랑가시나무는 다소곳하게 잘 자란 상태였거든요. 그런데 사진을 확대해서 보니, 아뿔싸! 호랑가시나무가 아니었습니다. 꽃이나 열매가 있었다면 한눈에 다른 걸 알 수 있었겠지만, 잎 모양만으로 본다면 사진 속의 나무는 영락없는 호랑가시나무였지요. 나무를 구별할 수 있는 근거가 잎밖에 없으니, 사진으로는 정확히 맞히지 못한 겁니다. 다시 꼼꼼히 보니 그 나무는 '호랑가시나무'가 아니라, '목서'였습니다. 그래서 시인에게

전화를 걸어서, 사실을 알려줬어요. 그러자 그이는 "가까운 곳에 있는 나무인데, 그걸 여태 '호랑가시나무'로만 알았어요"라며 조금은 놀라는 눈치였습니다.

시인의 사진에서 호랑가시나무와 목서를 구별한 건 두 나무의 '잎 나는 방식'이 다르기 때문입니다. 식물의 잎 나는 방식에는 몇 가지 유형이 있는데, 이 경우처럼 나무의 종류를 구별하는 중요한 기준이 되기도 합니다. 얼핏 봐서는 목서잎과 호랑가시나무잎은 크기나 모양이 비슷하지만, 분명히 다른 건 잎 나는 방식입니다.

목서잎이 직각으로 돋는 이유

우선 목서부터 보지요. 목서에는 몇 종류가 있는데, 흔히 볼 수 있는 건 금목서*Osmanthus fragrans* var. *aurantiacus* Makino와 은목서*Osmanthus × fortunei*입니다. 노란 꽃이 화려한 종류를 금목서, 하얀 꽃이 피어나는 종류를 은목서라고 합니다. 물푸레나무과에 속하는 목서는 중국이 고향인 상록성 나무입니다. 목서는 여름 끝 서늘한 가을바람이 느껴질 즈음에 하얀 꽃을 피웁니다. 꽃이 눈에 잘 들어오지는 않지만, 존재감이 미약한 건 아니지요. 향기가 짙기 때문입니다. 목서꽃이 피어나면 시각보다는 후

여름 끝에 하얀 꽃을 피우는 목서는
한 쌍의 잎이 마주보며 돋아난다.

각으로 먼저 그의 존재를 알아채게 됩니다. 목서꽃이 필 무렵이면 주변은 상큼한 향기로 뒤덮입니다. 이 아름다운 향기를 뿜어내는 유백색의 꽃 한 송이는 5밀리미터를 조금 넘는 정도로 작습니다. 더구나 잎겨드랑이 부분에서 피어나기 때문에 꽃은 무성한 잎 사이에 숨어 있는 셈입니다. 눈에 잘 뜨일 리 없지요.

목서의 잎 나는 방식을 보겠습니다. 목서는 가지를 따라서 차례차례 잎이 돋아나는데, 일정 크기의 가지가 뻗어 나오면 그 자리에서 한 쌍의 잎이 서로 마주보며 돋아납니다. 조금 위로 올라가면, 바로 전에 잎이 난 방향에서 90도 꺾인 채 한 쌍의 잎이 다시 마주보며 돋아나지요. 잎이 홀로 돋지 않고, 반드시 맞은편에 똑같은 잎을 마주보며 돋아납니다. 이처럼 잎이 마주보며 나는 방식을 '마주나기', 한자로는 '대생對生'이라고 합니다. 새잎이 돋아날 때는 정확하게 90도만큼 방향을 틀어서 돋아나는 게 신기합니다.

잎이 방향을 바꾸어 나는 이유는 간명합니다. 먼저 나온 잎과 같은 방향으로 나오면, 새잎이 햇살 쬐는 걸 방해할 수 있잖아요. 그걸 피하려는 지혜로운 방식인 겁니다. 햇살을 받지 못하면 먼저 나온 한 장의 잎뿐 아니라, 나무 전체의 생존에도 결코 도움 될 게 없겠지요. 나무는

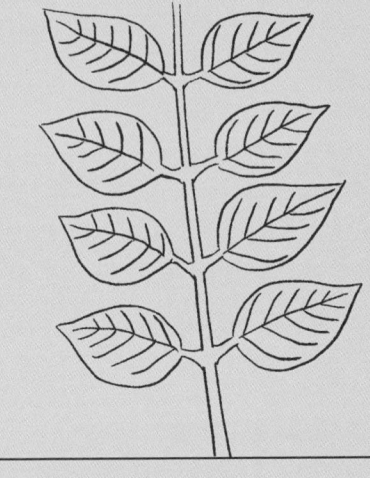

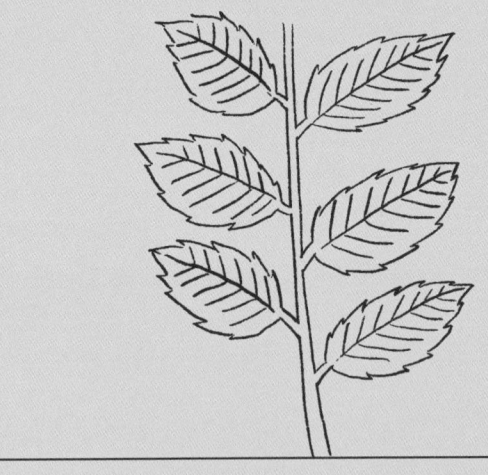

마주나기(위)과 어긋나기(아래). 목서는 잎이 마주나고(대생)
호랑가시나무는 잎이 어긋난다(호생).

그걸 알고 정확히 직각으로 방향을 틀어 잎을 돋워내는 겁니다.

호랑가시나무잎의 규칙

자, 그러면 이제 호랑가시나무*Ilex cornuta Lindl.&Paxton*의 잎을 볼 차례입니다. 호랑가시나무는 겨울에 맺히는 빨간 열매가 예쁜 나무이지만, 열매가 없어도 윤기가 흐르는 딱딱한 잎이 보여주는 매력이 여느 나무 못지않습니다. 호랑가시나무는 감탕나무과에 속하는 나무로 물푸레나무과에 속하는 목서와 전혀 다른 종류의 나무입니다. 분명한 차이가 있긴 하지만, 얼핏 봐서는 목서와 헷갈리기 쉬울 만큼 비슷합니다. 잎의 반들반들한 표면, 도톰한 두께, 잎가장자리의 가시까지 꼭 닮았지요. 그렇게 헷갈릴 때 잎 나는 방식을 보는 겁니다.

결론부터 이야기하자면 호랑가시나무는 '어긋나기' 방식을 선택했습니다. 한자로는 '호생互生'이라고 합니다. 한 마디에서는 한쪽에서만 잎이 나고 다음에 새로 나는 잎은 그 위쪽에서 방향을 바꾸어 다른 한쪽에서만 잎이 납니다. 한 쌍의 잎이 마주보고 나는 것과 완전히 다른 방식입니다.

호랑가시나무의 어긋나기. 처음에 한쪽에서만 잎이 나고 새잎은 그 위에서 방향을 바꾸어 반대쪽에서 난다.

어긋나기의 경우, 잎 나는 방향이 여러 가지이지만, 모두가 엄밀한 수학적 규칙을 따릅니다. 이를테면 180도씩 각도를 바꾸면서 한 잎씩 나는 경우가 있고, 120도씩 방향을 바꾸는 나무도 있지요. 앞의 것을 1/2 어긋나기라고 하고, 뒤의 것은 1/3 어긋나기라고 부릅니다. 그밖에도 90도, 270도로 어긋나며 잎이 돋는 경우가 있는데, 어느 경우나 그 규칙은 엄밀합니다.

잎 나는 방식에는 어긋나기, 마주나기 외에 돌려나기와 뭉쳐나기도 있습니다. 돌려나기는 세 장 이상의 잎사귀가 한 마디에서 동시에 나는 방식이며, 뭉쳐나기는 한 자리에서 잎사귀가 다발로 나는 걸 이야기합니다. 아무렇게나 돋아난 것처럼 보이지만, 나무의 살림살이에는 필경 놀라운 규칙이 있습니다.

예의 바른 굴거리나무

잎 나는 방식을 이야기할 때 빼놓을 수 없는 나무가 굴거리나무*Daphniphyllum macropodum* Miq.입니다. 굴거리나무는 숲해설가들이 흔히 '예의 바른 나무'라는 별명으로 소개하는 나무이기도 합니다. 굴거리나무가 예의가 바르다고 평가받게 된 까닭이 바로 잎 나는 방식에 있습니다. 굴거리나무의 상록성 잎이 본능적으로 예절을 발휘하는 때는 새잎 돋아날 때입니다. 새잎은 기본적으로 가지 끝에서 돋는 게 원칙이지요. 굴거리나무는 상록성 나무여서 새잎 돋아나는 봄에도 겨울을 보낸 잎들이 아래쪽에 남아 있지요. 이때 새로 나는 잎은 위로 뾰족하게 나거든요. 새로 돋는 잎이 사방으로 넓게 펼치면 잎이 먼저 난 잎에 그늘을 드리워 햇살을 받을 수 없지나 않을까 걱정한 결과이죠. 앞에서 이야기했던 것처럼 서로의 삶을 최대한 존중하려는 배려의 본능인 겁니다.

어떤 방식이든 나뭇잎이 나는 데는 나름의 원칙과 기준이 있습니다. 가장 큰 원칙은 무엇보다 잎사귀들 사이에서 햇살 다툼을 벌이지 않도록 적당히 양보한다는 것이지요. 조금씩 자리를 양보하면서 햇살을 나눠 쬡니다. 모든 식물에서 새로 나는 잎은 먼저 나온 잎이 한창 빛을 모아 양분을 만들어내는 일을 방해하지 않습니다. 잎 돋아나는 모양을 꼼꼼히 관찰하면 금세 알게 되는 식물의 지혜, 아니 생명의 지혜입니다.

잎사귀의 다채로운 무늬

#무늬잎식물 #삼백초 #사초 #팜파스그래스 #품종선발

 아름다움에 대한 판단은 주관적인 겁니다. 어떤 대상을 보고 누구는 단번에 무척 아름답다고 느끼지만, 다른 사람은 아무 감흥을 느끼지 못하는 경우도 흔합니다. 나뭇잎에 대한 느낌도 그럴 겁니다. 여러분이 보시기에는 어떤 잎이 더 예쁘냐 하는 질문을 하고 싶어 꺼낸 이야기입니다. 크기라든가 전체 형태, 결각의 깊이 등 사람마다 좋아하는 건 제가끔 다르겠지요. 그러면 무늬가 들어 있는 잎은 어떨까요?

 무늬가 있는 잎을 가진 나무도 적지 않습니다. 자연 상태에서 처음부터 무늬가 있는 잎도 있지만, 새 품종 선발 과정에서 인위적으로 무늬를 넣은 잎도 있습니다. 예전에는 반엽斑葉식물이라고 불렀고, 요즘은 '무늬 잎 식물'이라고 더 많이 부릅니다. 화려했던 꽃 지고, 한 해 내내 초록 잎으로만 남아 있는 걸 심심하다고 느끼는 사람들이라면 꽃 없이도 화려한 모습을 보고 싶어 하겠지요. 그런 요구에 맞춰 잎에 변화를 준 겁니다.

지금도 끊임없이 새로운 무늬를 띤 식물 품종을 선발해낸다는 건, 잎의 화려한 무늬를 좋아하는 사람이 계속 늘어나기 때문 아닐까요.

인공적인 선발이 아니라, 자연 상태에서 처음부터 잎 위에 무늬를 띠는 잎이 없는 건 아닙니다. 몇 가지만 짚어보지요. 대표적인 무늬 잎 식물로는 약초로 많이 쓰는 삼백초 *Saururus chinensis* (Lour.) Baill.가 있습니다. 삼백초는 환경부 지정 멸종위기야생동식물 2급으로 분류된 희귀식물입니다. 물을 좋아해서 물가에서 크는 삼백초는 잘 자라면 1미터쯤 높이에 이르는 여러해살이풀로, 풀꽃치고는 꽤 큰 식물입니다. 삼백초는 플라보노이드의 일종인 퀘르세틴, 퀘르시트린 성분을 갖고 있어서, 고혈압과 동맥경화 등에 치료 효과가 탁월하고 간의 해독 작용에도 좋다고 합니다. 옛날에 진시황이 찾던 불로초가 삼백초였으리라는 짐작 섞인 이야기를 하는 사람도 있을 정도로, 약초로 요긴한 식물이지요.

삼백초의 이름은 뿌리와 꽃, 이파리 세 부분이 흰색이라는 데서 유래했다는 설과 꽃 옆에 하얀 잎이 세 장씩 달려 있다는 데서 유래했다는 설 등이 있다.

삼백초 나뭇잎의 흰 무늬

삼백초三白草라는 이름은 뿌리와 꽃과 이파리의 세 부분이 흰색이어서 붙었습니다. 뿌리는 캐보기 전에 드러나는 게 아니니 뒤로 미뤄두어야 할 테고, 흰 꽃도 특별한 건 아니잖아요. 하지만 잎이 희다는 건 특이합니다. 물론 모든 잎이 하얀 것은 아니고, 꽃 핀 줄기 끝의 잎 가운데 두세 장 정도만 순백으로 화려합니다. 마치 하얀 페인트를 칠한 듯한 인공적 느낌을 주는 빛깔입니다.

꽃 옆의 잎 세 장이 하얗기 때문에 삼백초라는 이름이 붙었다는 설도 있습니다. 중국에서 전해오는 이야기에서 비롯된 거죠. 옛날 어느 한여름에 산길을 걷던 한 신선이 피로에 지쳐서 갑자기 심한 두통에 시달렸다고 합니다. 때마침 어디에선가 묘한 냄새가 날아왔습니다. 냄새를 맡는 순간, 신선의 두통은 씻은 듯 사라졌고, 피곤에 찌든 몸에도 활력이 넘쳐났지요. 대관절 어디서 나는 냄새인가 찾아보았더니 하얀 잎을 석 장씩 달고 있는 풀에서 풍기는 것이었죠. 신선은 그 풀의 이름을 삼백초라고 했다는 이야기입니다. 전설에서는 묘한 냄새가 난다고 했는데, 그게 그리 좋은 냄새는 아니고 마치 '송장 썩는 냄새'와 비슷했다고 합니다. 그래서 삼백초를 '송장풀'이라고 부르기도 합니다. 하지만 실제로 삼백초에서 그처럼 불쾌한 냄새가 고약하게 진동하는 건 아닙니다.

  삼백초는 원래 잎에 흰빛을 띠고 있지만, 인공으로 선발한 품종의 잎에 든 무늬는 참 다양합니다. 가장 많이 볼 수 있는 무늬 잎의 형태는 얼룩입니다. 일테면 잎 표면에 얼룩덜룩한 무늬를 만드는 거죠. 얼룩을 화려하게 드러내기 위해서 대개는 흰색이나 노란색을 입힙니다. 단순한 초록 잎과 달리, 잎이 화려하게 보일 수밖에요.

잡초의 화려한 변신

  얼룩무늬 잎 외에 초록 바탕에 하얀 점, 거꾸로 흰색 바탕에 짙은 초록색 점이 촘촘히 박힌 잎도 있어요. 참식나무 품종 가운데 하나가 그런 경우입니다. 노란 바탕에 초록 점이 박힌 것도 확인할 수 있습니다.

  줄무늬를 내기도 합니다. 주로 잎이 길쭉한 식물이 그렇습니다. 이를테면 사초 종류의 식물입니다. 사초 종류는 대부분 길쭉하게 내민 잎만으로는 별다르게 볼 것 없는 풀이라고 할 수도 있을 겁니다. 심지어 우리 농촌에서는 사초 종류를 잡초로 여기며 뽑아버립니다. 이 길쭉한 잎에 무늬를 만들어 올립니다. 폭이 1센티미터쯤 되고 길

흰색이나 검은색 줄무늬를 올려 선발한
사초 종류는 화려함으로 눈길을 끈다.

이가 30센티미터쯤 되는 길쭉한 잎의 세로로 흰색이나 검은색 줄무늬를 올리는 겁니다. 잡초로만 여겨오던 사초 종류가 순식간에 화려한 식물로 변신합니다. 잎이 길쭉한 맥문동도 사초처럼 무늬를 올리는 식으로 무늬 잎 품종을 선발합니다.

  무늬를 내기 위해 정말 안간힘을 쓴 것처럼 보이는 경우도 있습니다. 맥문동이나 사초처럼 잎이 길쭉할뿐더러 폭도 길이도 훨씬 큰 경우입니다. 팜파스그래스라는 외래종 식물의 경우인데요. 잎은 폭이 2센티미터쯤에 길이는 1미터가 훨씬 넘는 길쭉한 식물입니다. 팜파스그래스는 우리의 억새나 갈대와 비슷한 식물이지만, 식물체의 규모가 워낙 큰 데다 가을에 피어나는 꽃차례 역시 거대한 크기여서 매우 아름답습니다. 하지만 사람의 아름다움에 대한 갈망은 끝 간 데 없습니다. 팜파스그래스의 잎에 무늬를 넣으려 애쓴 겁니다. 길게 뻗어 나온 잎에 가로로 흰색 무늬를 넣습니다. 그래서 긴 잎 하나에 마치 흰 점선을 띄엄띄엄 그린 듯한 무늬를 띱니다.

새로 선발한 팜파스그래스 종류의 잎에는
흰 점선 무늬가 있다.

바늘잎에도 무늬를
만들 수 있을까

웬만한 나뭇잎에 죄다 무늬를 넣어왔다면 혹시 소나무처럼 가는 잎에도 무늬를 넣는 게 가능할까요? 놀랍게도 그런 품종의 소나무가 있습니다. 솔잎은 두 개씩 붙어 나는 잎이 한데 모여서 퍼지듯 돋아나잖아요. 그 잎의 안쪽에 무늬를 넣은 겁니다. 바깥쪽은 여느 솔잎처럼 초록색이지만, 안쪽에 흰색 무늬가 있다는 거죠. 가만히 바라보자면 마치 안쪽에서 신비로운 광채가 퍼져 나오는 듯합니다. 이 소나무의 무늬는 가까이에서 자세히 관찰하지 않으면 발견하기 어렵습니다. 언제나 나무의 신비로운 모양은 자세히 오래 바라보는 사람에게만 드러납니다.

바늘잎에 무늬를 만들어낸다는 건 신기한 일입니다. 무늬 잎을 가진 메타세쿼이아 품종도 그런 사례입니다. 메타세쿼이아의 잎은 가늘기도 하지만, 하나하나의 잎이 아주 작잖아요. 그 작은 잎에 무늬를 넣은 품종이 있습니다. 잎 안쪽의 잎맥을 흰색이나 노란색으로 변형한 겁니다. 역시 가까이에서 관찰하지 않으면 보기 어려운 무늬입니다. 어쩌면 그게 무슨 무늬냐고 되물으실 수도 있지요. 그러나 멀리서 바라보면 여느 메타세쿼이아와 달리

무늬를 넣은 소나무, 메타세쿼이아, 삼색개키버들.
모두 기존 품종에는 없던 무늬를 자랑한다.

잎 전체에서 회색이나 노란색이 어른거리는 걸 분명히 알 수 있습니다.

자세히 관찰해야만 볼 수 있는 잎의 무늬가 있는가 하면, 얼핏 보아도 눈에 띄는 화려한 무늬 잎을 가진 식물도 있는데, 하나만 더 소개하겠습니다. 최근 들어 원예용으로 많이 키우는 삼색개키버들*Salix integra* 'Hakuro-nishiki'이라는 식물입니다(국가표준식물목록에는 '무늬개키버들'이 추천명인 식물입니다). 고작해야 5미터쯤의 낮은 키로 자라는 삼색개키버들은 시선을 사로잡습니다. 마치 나뭇가지 전체에 환한 꽃이 피어난 것처럼 보이지만, 그건 꽃이 아니라 무성한 잎입니다. 가지 위에 돋은 잎에는 여느 나뭇잎에서 보기 어려운 분홍빛이 선명한 때문이지요. 그뿐만 아니라, 하얀 무늬가 들어간 잎까지 세 가지 색이 화려하게 어우러져 눈길을 끄는 아름다운 나무입니다.

사람들은 우리 곁의 나무 잎사귀에 다양한 무늬를 만들어내며 가까이에서 더 사랑스럽게 키우고자 합니다. 끊임없이 새로운 무늬를 띤 품종을 선발해내는 호모 사피엔스의 힘이 놀랍다는 생각까지 하게 합니다. 때로는 천연의 본성을 잃은 듯해 아쉬움이 없는 건 아니지만, 나무와 더불어 살고자 하는 사람들의 애정 표현이라는 생각에 무늬 잎 나무 앞에서도 오래 머무르게 됩니다.

잎의 가장자리는 모두 다르다
#느티나무 #벚나무 #신갈나무 #떡갈나무 #참나무

벚나무와 느티나무는 구별하기가 비교적 쉬운 편입니다만, 부끄럽게도 두 나무를 헷갈렸던 적이 있습니다. 오래된 큰 나무였다면 헷갈리지 않았을 텐데, 도시의 가로수로 자라는 어린 느티나무를 벚나무로 헷갈린 겁니다.

사실 오래된 느티나무는 줄기 껍질이 너덜너덜 도드라지게 벗겨지거든요. 굳이 나무의 다른 특징을 살펴보지 않아도 한눈에 느티나무인 걸 알아볼 수 있습니다. 하지만 어린 느티나무라면 애매해집니다. 느티나무는 대략 50년쯤 지난 뒤부터 줄기 껍질이 너덜거릴 정도로 벗겨집니다. 반면 어린 느티나무의 줄기는 밋밋한데, 껍질에 홈이 가로 방향으로 이어져 벚나무의 결정적 특징과 비슷합니다. 도시의 거리를 지나는 길에 줄기 껍질 부분이 먼저 눈에 들어와서 느티나무를 벚나무라고 단정한 겁니다. 다른 부분을 살펴볼 생각은 안 하고, 줄기 껍질 부분에 가로 방향의 홈이 있으니 벚나무이겠거니 한 겁니다.

그런데 어느 봄날, 벚나무라고만 믿었던 느티나무 가로수 곁을 걸어서 지날 일이 있었어요. 다른 벚나무들이 모두 꽃을 피웠는데, 이 나무들은 꽃도 안 피웠고, 심지어 바닥에 떨어진 꽃잎도 하나 없었어요. 아무리 꼼꼼하게 쓸어내도 꽃잎은 남게 마련인데, 이상했습니다. 나무 가까이 다가설 수밖에요. 아뿔싸! 벚나무가 아니라는 건 그때 알았습니다.

느티나무 vs. 벚나무

벚나무라고 여겼던 나무를 느티나무로 확인할 수 있었던 건 잎을 보고서였습니다. 느티나무와 벚나무, 특히 어린 느티나무와 벚나무를 줄기 껍질만으로 구분하는 방식은 섣불렀던 겁니다. 벚나무의 중요한 특징 가운데 하나가 줄기 껍질인 건 맞습니다. 그런데 그것만으로 판단할 수 없다면 다음에는 꽃이나 열매를 봐

느티나무잎(위)의 가장자리는 굵고 둥글둥글한 반면,
벚나무잎(아래)은 촘촘하면서 거칠고 뾰족하다.

야 하겠지만, 꽃과 열매는 1년 내내 매달려 있는 게 아니잖아요. 이때 관찰해야 할 부분이 잎입니다.

  느티나무와 벚나무는 잎도 비슷하게 생겼습니다. 초점을 맞출 곳은 나뭇잎의 가장자리입니다. 나뭇잎의 가장자리는 다양합니다. 미끈한 것도 있지만, 물결무늬 혹은 톱니무늬가 있는 잎도 있습니다. 이를 '거치鋸齒'라고 합니다. 거치의 차이만으로도 나무를 구별할 수 있지요. 느티나무와 벚나무가 그런 경우의 하나입니다. 즉 느티나무잎의 거치는 굵고 둥글둥글한데, 벚나무잎은 촘촘하면서 거칠고 뾰족합니다.

  잎이 식물 분류의 가장 중요한 기준은 아니라 해도 나무 관찰에는 중요한 부분입니다. 꽃과 열매가 있으면 곧바로 가늠할 수 있지만 꽃과 열매는 사철 내내 볼 수 있는 게 아니어서, 잎의 특징을 알아두면 좋겠지요. 물론 낙엽성 나무라면 겨울에는 잎을 볼 수 없지요. 하지만 이때라고 방법이 아주 없는 건 아닙니다. 봄이 되면 잎이 될 부분, 즉 겨울눈이 있습니다. 겨울눈으로 나무를 구별하려면 꽤 오랜 학습과 관찰 경험이 필요합니다. 그래도 식물을 공부하는 사람들에게는 꼭 필요한 훈련이지요.

신갈나무 vs. 떡갈나무

여하튼 나뭇잎은 나무를 먹여 살리는 가장 중요한 기관이자 나무를 구별하는 데도 필수적이라는 이야기입니다. 느티나무와 벚나무의 경우를 일례로 이야기했지만, 그뿐이 아닙니다. 나무를 공부하면서 가장 어려운 나무 구별이 아마도 참나무 종류일 겁니다. 참나무 종류의 나뭇잎에 드러나는 앞뒷면의 차이에 대해서는 앞에서도 이야기했습니다. 50쪽 「초록은 동색일까?」 장 참조 물론 참나무 종류를 구별하는 가장 좋은 기준은 열매인 도토리일 겁니다. 그러나 도토리는 가을 되어야만 볼 수 있잖아요. 그래서 숲해설가들은 잎 모양으로 구별하는 법을 익히곤 한답니다.

참나무 종류의 잎을 구별하는 방법을 정리해보지요. 가장 잎이 넓은 종류는 신갈나무와 떡갈나무입니다. 식물도감에는 떡갈나무가 신갈나무보다 잎이 더 크다고 돼 있습니다. 그러나 현장에 떡갈나무와 신갈나무가 함께 있어서 비교할 수 있다면 몰라도 그게 아니라면 어느 게 더 큰지 구별하는 건 불가능합니다. 또 같이 있다 하더라도 나무의 생육 상태에 따라 신갈나무잎이 떡갈나무잎보다 클 수도 있어서 헷갈릴 수밖에 없습니다. 그래서 크기보다는 잎의 거치 부분을 살펴봐야 합니다. 신갈나무잎

신갈나무(위)는 잎가장자리의 거치 부분이 좁고 가는 반면,
떡갈나무(아래)는 부드럽게 물결치듯 크고 넓다.

의 거치가 좁고 가는 것과 달리 떡갈나무잎의 거치는 부드럽게 물결치듯 크고 넓습니다. 두 나뭇잎의 거치가 보여주는 차이는 조금만 익숙해지면 충분히 구별할 수 있습니다.

참나무 종류, 잎가장자리로 구분하기

신갈나무, 떡갈나무보다 잎이 작은 나무가 갈참나무입니다. 잎자루 쪽이 좁고 잎의 끝으로 갈수록 넓어지는 형태이지요. 크기도 작고 잎자루 쪽이 좁다는 점이 특징이지만 갈참나무잎도 정확히 구별하려면 거치 부분에 주목해야 해요. 갈참나무잎의 거치는 부드럽게 물결치듯 흐르거든요. 역시 처음에는 헷갈리겠지만, 오래지 않아 익숙해질 수 있습니다.

남은 세 종류가 졸참나무, 굴참나무, 상수리나무인데, 이들의 나뭇잎은 서로 비슷합니다. 역시 거치 부분을 잘 봐야 하지요. 셋 중에 먼저 구별할 수 있는 나무는 졸참나무입니다. 졸참나무는 참나무 종류 가운데 잎이 가장 작고 열매도 가장 작아서 '졸병'을 뜻하는 졸卒 자를 이름에 붙인 나무입니다. 졸참나무잎은 작지만 거치가 크고 뾰족한 편입니다. 참나무 종류 가운데는 거치가 가장 도드라지게 발달했다고 보면 됩니다. 또 졸참나무의 잎은 타원형을 이룬 끝부분이 떡갈나무나 신갈나무처럼 넓게 퍼진다는 특징이 있습니다.

남은 게 굴참나무와 상수리나무입니다. 전체적인 모양이 타원형으로 비슷해서 헷갈리기 쉽지요. 이 가운데 굴참나무잎의 거치 부분에는 침이 달려 있습니다. 만져보면 살짝 따갑게 느껴질 정도입니다. 얼핏 보면 잎 가장자리에 침이 나와 있는 것처럼 보이지만, 그건 침이 아니라, 침 모양으로 생긴 날카로운 톱니일 뿐입니다. 그런데 상수리나무 잎의 거치에는 침이 없어요. 그러니까 타원형이면서 거치에 침이 달렸으면 굴참나무이고, 침처럼 보이지만 침이 아니라 잎과 같은 재질의 톱니라면 상수리나무로 보면 됩니다.

그런데 굴참나무잎과 매우 닮은 나무가 하나 더 있어요. 밤나무잎입니다. 참 비슷합니다. 물론 밤송이가 달렸을 때라면 얼핏 보고도 구별할 수 있지만, 그게 아니면 또다시 잎을 봐야 합니다. 이때는 햇살이 닿지 않는 잎의 뒷면을 살펴야 합니다. 만일 잎 뒷면에 흰빛이 많이 나면 굴참나무이고, 양쪽이 모두 초록빛이면 밤나무입니다.

헷갈리시지요. 여기에 정말 더 헷갈리게 할 만한 이야

타원형이면서 거치에 침이 달렸으면 굴참나무(위),
침이 없으면 상수리나무(아래)다.

기를 한 가지 보탭니다. 바람으로 꽃가루받이를 이루는 참나무 종류들은 자연 상태에서 교잡종이 많이 만들어집니다. 그러니까 굳이 말을 만들어 이야기하자면, 70퍼센트는 굴참나무인데, 30퍼센트는 졸참나무인 나무가 자연 상태에서 흔히 나타난다는 이야기입니다. 물론 그 반대의 경우도 있을 수 있고, 그 비율은 상황에 따라 다릅니다. 그런 경우에 그걸 굴참나무라고 해야 할지 졸참나무라고 해야 할지 애매한 경우가 너무 많습니다. 이럴 때는 어떤 특징의 잎이 더 많은가를 기준으로 하는 수밖에 없습니다.

나뭇잎으로 나무를 구별하는 이야기를 하기는 했습니다만, 사실 다양성이라는 생명의 원리를 품고 살아가는 나무를 정확하게 구별하는 건 쉽지 않은 일입니다. 그 어려움을 몸소 느끼는 건 우리를 둘러싼 자연의 위대함을 만나는 첫걸음이 될 겁니다.

붉은 잎, 노란 잎도 바탕은 초록

#홍단풍　#황금소나무　#엽록소

빛깔은 우리가 바라보는 대상이 어떤 빛을 흡수하고 어떤 빛을 반사하느냐에 따라 달라집니다. 나뭇잎은 파란색, 빨간색 계통은 모두 빨아들이고 오직 초록 빛깔만 반사하기 때문에 초록색으로 보입니다. 나뭇잎에서 초록색을 드러나게 하는 것은 생명 양육을 담당하는 엽록소입니다.

광합성이 필요할 때도 붉기만 한 홍단풍

초록색이 아닌 나뭇잎도 있긴 합니다. 물

론 나무가 살아가면서 빛깔을 바꾸기도 합니다만, 처음에 날 때부터 초록빛을 드러내지 않는 잎도 있습니다. 그런 나무로 홍단풍*Acer palmatum* 'Shojo-Nomura'이 먼저 떠오릅니다.

홍단풍은 잎을 처음 내는 순간에도 초록빛을 띠지 않습니다. 이름처럼 처음부터 붉습니다. 그러면 홍단풍의 붉은 잎에는 엽록소가 없을까요? 엽록소가 없으면 광합성을 할 수 없을 테고, 광합성을 하지 않으면 살아가기 위한 양분도 짓지 못할 텐데 대관절 어찌 살아가는 걸까요?

모든 나뭇잎에 엽록소가 있긴 합니다만, 엽록소 외에 카로티노이드, 안토시아닌, 탄닌과 같은 다양한 성분이 함께 있다는 데서 실마리를 찾아보아야 합니다. 카로티노이드는 노란색, 안토시아닌은 빨간색, 탄닌은 갈색을 띠는 성분입니다. 잎은 다양한 빛깔의 성분을 처음부터 가지고 있지만, 광합성이 더 필요할 때는 엽록소가 표면에 나섰다가 가을 지나며 차츰 광합성을 할 수 없는 겨울에 가까워지면 비로소 다른 빛깔의 성분들이 활성화합니다. 가을 단풍이 그런 겁니다. 그런데 홍단풍은 광합성이 필요한 시기에도 잎이 빨갛기만 합니다. 야릇합니다.

옅은 초록빛이 드러나는 순간

홍단풍은 사람들이 조경용 관상수로 선발해낸 품종입니다. 그러니까 자연 상태의 나무는 아니라는 거죠. 단풍나무의 빨간 잎을 더 오래 보고 싶어 하는 사람들이 사철 내내 빨간빛을 띠도록 선발한 품종입니다. 잎이 빨간색이기는 하지만, 그 안에도 초록빛을 띠는 엽록소가 함께 들어 있습니다. 그러나 아무리 들여다봐도 초록색은 눈에 들어오지 않습니다.

그래서 나무를 오래 자세히 관찰할 필요가 있다고 다시 이야기합니다. '노무라단풍'이라고도 부르는 홍단풍의 잎에서 붉은 기운이 옅어지는 순간이 있습니다. 1년에 두 번 정도 그런 일이 생깁니다. 꽃 필 때와 열매가 익어갈 때입니다. 나무에 자양분이 가장 많이 필요할 때이지요. 그때 홍단풍의 잎은 아주 미미하게 달라집니다. 얼핏 보아서는 그 차이를 알 수 없습니다. 여전히 빨간빛이기는 해도 자세히 들여다보면 잎의 부분 부분에서 초록 기운이 느껴집니다. 붉은빛을 드러내긴 했지만, 엽록소가 광합성을 하지 않는다면, 나무는 살지 못합니다. 양분을 많이 필요로 하는 꽃 피울 때와 열매 맺을 때는 더 그렇지요. 이즈음 홍단풍의 잎을 자세히 살피면 엽록소의 광합성 활동 기미를 느낄 수 있습니다. 잎 위에 퍼진 잎맥이

나 잎자루 쪽은 눈에 띌 정도로 붉은색이 옅어집니다. 열매를 맺고 성숙해갈 때도 마찬가지입니다. 옅어진 붉은빛 사이로 얼핏 초록빛이 보일 겁니다. 붉은 잎이라 해도 자양분이 절실할 때만큼은 엽록소가 더 활성화하고, 결국 초록빛을 드러낼 수밖에 없습니다.

황금소나무 나뭇잎은 노랗기만 할까

홍단풍이야 인공적으로 지어낸 품종이라 치고, 자연 상태에서 초록이 아닌 빛으로 잎을 틔우는 나무도 있습니다. 황금소나무 *Pinus densiflora* 'Aurea'라는 나무가 그렇지요. 소나무는 사철 초록 잎을 간직하는 나무이지만, 황금소나무의 잎은 황금색을 띱니다. 소나무의 한 품종인 황금소나무는 매우 희귀한 나무인데요. 아래쪽만 겨우 초록빛이고, 전체적으로는 잎이 황금색입니다. 황금소나무는 예부터 날씨가 가물면 황금색 잎이 갈색으로 바뀌고, 장마 때는 초록색이 된다고 해서 기후 관측에 요긴했다고 하지만 과학적인 근거가 있는 이야기는 아닙니다. 그래도 옛 농부들은 황금소나무를 아예 천기목天氣木이라고 부르기도 했답니다.

황금소나무는 매우 희귀한 나무로, 자연 상태에서도
초록이 아닌 황금빛으로 잎을 틔운다.

우리나라에서도 몇 그루가 자연 상태에서 발견됐는데, 특히 경상북도 울진 주인리 황금소나무는 지방기념물로 지정해서 보호하는 귀한 나무입니다. 이 황금소나무 역시 기후를 예측하는 데 기준이 되었으며, 덧붙여 전쟁이 일어나면 잎이 붉은빛을 띠기도 한다는 이야기가 마을에 전해옵니다.

울진 주인리 황금소나무는 곁에 있는 다른 나무들과 잎의 빛깔이 다른 걸 한눈에도 또렷이 알 수 있습니다. 비탈 언덕에 서 있는 이 나무는 50년 정도 됐는데, 문화재로 지정한 나무여서 주변에 울타리를 둘러치고 철저하게 보호합니다. 멀리서도 나무의 신비로운 모습은 볼 수 있지만, 반드시 가까이에서 살펴보아야 합니다. 어떻게 황금색 잎으로 스스로를 키울 양분을 지을까에 대한 비밀은 잎을 자세히 살펴봐야 알 수 있거든요.

식물도감에는 '잎의 기저부를 제외하면 모두 노란색'이라고 돼 있지만, 실제로는 아무리 살펴봐도 노란색이라고 하기 어렵습니다. 굳이 말하자면 초록과 노랑이 섞인 연두색에 가깝습니다. 그 정도만 해도 솔잎치고 특별한 건 사실이지만, 노란색 혹은 황금색이라고 할 수는 없다는 거죠. 결국 황금소나무의 잎도 황금색보다는 초록색을 바탕으로 하고, 노란 빛깔이 좀더 강하게 드러날 뿐이라는 이야기입니다.

초록빛을 버릴 수 없는 이유

홍단풍과 황금소나무를 이야기했지만, 붉은 잎이나 노란 잎을 가진 나무들은 더 있습니다. 특히 관상용으로 선발한 품종 가운데는 잎 색깔이 다채로운 경우가 적지 않습니다. 그러나 그 어떤 나무도 초록빛을 완전히 버릴 수는 없습니다. 초록은 엽록소의 빛깔이고 엽록소는 나무에게 생명의 창이니까요.

침엽수도 잎이 떨어진다?
#메타세쿼이아 #화석식물 #낙우송 #잎갈나무

식물은 잎 모양에 따라 나누기도 합니다. 침엽수와 활엽수가 그런 경우겠지요. 침엽수는 우리말로 바늘잎나무, 활엽수는 넓은잎나무라고 부릅니다. 잎 모양이 바늘처럼 가늘고 길게 생겼느냐, 넓게 펼쳐졌느냐에 따른 구분입니다. 뒷장에서 자세히 이야기하겠지만, 252쪽 「나무의 진화」장 참조 흥미로운 건 식물 진화 초기에 나타났던 식물의 잎은 대개 바늘잎이라는 겁니다.

바늘잎나무도 서로 비슷하다고 할 수 있지만, 역시 세상에 똑같은 생명은 하나도 없습니다. 그래서 침엽수 사이에도 적지 않은 차이를 찾을 수 있습니다. 이를테면 잣나무와 소나무는 잎의 생김새가 닮았습니다. 그러나 소나무는 두 개의 바늘잎이 모여 나고, 잣나무는 다섯 개의 바늘잎이 모여 납니다. 거의 비슷한 자리에서 잣나무는 다섯 개가 모여 나서 '오엽송', 즉 다섯 잎이 모여 나는 소나무라고 부르기도 합니다.

소나무와 잣나무처럼 잎이 비슷한 나무도 있지만, 역시 같은 바늘잎나무에 속하는 전나무는 소나무와 전혀 다릅니다. 길이가 짧은 데다 소나무잎보다는 굵거든요. 그러나 잎과 길이와 굵기가 비슷한 나무들도 있어요. 이를테면 구상나무는 전나무와 구별하기가 쉽지 않을 만큼 닮았지요.

거의 모든 침엽수는 가을 지나 겨울에도 잎이 지지 않는 상록성입니다. 하지만 언제나 예외는 있습니다. 가을 되면 잎에 단풍이 들고, 단풍 든 잎은 낙엽을 하는 침엽수도 있습니다. 낙엽성 침엽수로 메타세쿼이아와 낙우송, 잎갈나무가 있습니다. 이 중 메타세쿼이아와 낙우송은 생김새와 생육 상태까지 매우 비슷합니다.

화석식물 메타세쿼이아의 재발견

메타세쿼이아*Metasequoia glyptostroboides* Hu&W. C.Cheng는 학명이 '세쿼이아 이상의 나무'라는 뜻입니다.

소나무는 잣나무와 달리 두 개의 바늘잎이 모여 난다.

메타세쿼이아는 원래 6500만 년 전에 이 땅에 번성했던 나무로 처음에는 화석으로만 발견됐습니다. 경북 포항에서도 이 시기의 화석에서 메타세쿼이아의 흔적이 발견된 적이 있습니다. 그러나 4천만 년 전에 지구에 찾아온 빙하기에 메타세쿼이아는 사라진 듯했고, '화석식물'로만 알려졌지요.

그러다가 이 나무의 존재가 다시 세상에 알려진 것은 중일전쟁이 한창이던 1941년, 일본의 식물학자인 미키 시게루 박사의 연구 덕분이었습니다. 그는 식물 화석을 연구하다가 그동안 알려지지 않은 새로운 종의 식물을 발견하고, 그의 이름을 세쿼이아를 닮았으나 세쿼이아 이상(혹은 이전)의 나무라는 뜻에서 '메타세쿼이아'라고 이름 붙여서 학계에 발표했습니다. 비슷한 시기에 중국의 산림공무원 한 사람이 쓰촨성 동쪽 양쯔강 상류의 작은 마을에서 낯선 나무를 찾아보고 전문가들과 함께 연구한 결과 일본의 미키 박사가 식물학계에 멸종식물로 보고한 메타세쿼이아와 같은 종류의 나무임을 확인하게 됩니다. 그게 1946년의 일이지요.

요즘은 도시 곳곳에 메타세쿼이아를 많이 심어 키우고 있습니다만, 이들은 모두 중국에서 발견한 메타세쿼이아에서 비롯된 것이지요. 학명으로만 부르다 보니, 서양의

흔히 볼 수 있는 메타세쿼이아는 화석식물로
한때 식물학계에 멸종식물로 보고되기도 했다.

식물인 것처럼 여겨지지만, 알고 보면 메타세쿼이아는 동양의 식물이지요.

기근의 발달과
잎이 나는 방식은 다르다

메타세쿼이아와 생김새가 비슷한 나무로 낙우송*Taxodium distichum* (L.) Rich.이 있습니다. 낙우송은 1920년대부터 우리나라에 들여와 심은 나무이니, 메타세쿼이아보다는 익숙합니다. 메타세쿼이아나 낙우송 모두 높이 크는 나무이며, 전체적으로 고깔 모양으로 자라는 나무이지요. 굳이 비교하자면 메타세쿼이아가 낙우송보다 크게 자라며 좀더 뾰족한 고깔 모양이라는 차이가 있습니다만, 현장에서 그 정도만으로 구별하기는 쉽지 않습니다.

낙우송을 관찰한 사람들에게 인상적인 건 아마도 기근일 겁니다. 기근氣根은 땅의 표면 가까이에서 옆으로 넓게 뻗는 뿌리가 부분적으로 땅 위로 솟아오른 것을 가리키는데요, 낙우송은 유난히 기근이 발달합니다. 낙우송 주변을 살펴보면 거의 예외 없이 줄기 곁으로 솟아올라 석회암 동굴의 석순처럼 장관을 이룬 기근을 볼 수 있지요.

낙우송과 메타세쿼이아는 비슷하지만 낙우송은 줄기 곁에
땅 위로 솟아오른 뿌리인 기근이 발달한다는 점이 다르다.

메타세쿼이아는 낙우송만큼 기근이 발달하지 않지만 역시 뿌리를 옆으로 멀리 뻗는다는 건 비슷합니다. 아마도 높은 키의 몸체를 거센 바람에 맞서 효율적으로 지키기 위한 전략일 겁니다.

여러 가지 면에서 메타세쿼이아와 낙우송은 매우 닮았습니다. 심지어 깃꼴겹잎의 잎 모양까지 똑 닮았지요. 그래서 숲해설가들은 나름대로 두 나무의 구별법을 만든 모양입니다. '메마낙어' 혹은 '메대낙호'입니다. 무슨 말인지 헷갈리시지요. 메타세쿼이아는 마주나기로 낙우송은 어긋나기로 잎이 나니, '메-마:낙-어'이고, 한자로 하면 대생과 호생이니 '메-대:낙-호'인 거죠.

침엽수 낙엽 길의 낭만

두 나뭇잎의 공통적인 특징이 하나 더 있습니다. 가을에 적갈색 단풍이 들고, 단풍 든 뒤에는 낙엽을 한다는 겁니다. 혹시 낙우송이나 메타세쿼이아가 낙엽을 마친 길 위를 걸어보신 일이 있다면 그 기억을 오래 간직하게 되실 겁니다. 메타세쿼이아나 낙우송의 가는 잎이 쌓인 길을 걷는 건, 활엽수의 낙엽 부서지는 소리를 들으며 걷는 것과 전혀 다릅니다. 적갈색의 카펫을 깔아둔 길을 천천히 걷는 듯 걸음마다 느껴지는 포근함이 더없이 환상적입니다.

침엽수이면서 가을에 단풍 들고 낙엽을 하는 종류가 또 있습니다. 낙엽송이라고 부르던 잎갈나무$^{Larix\ gmelinii\ var.\ olgensis\ (A.Henry)\ Ostenf.\&Syrach}$라는 나무입니다. 잎갈나무는 한반도 중북부 지방에서 오래전부터 저절로 자라던 토종 나무입니다. 잎갈나무도 낙엽성이면서 수형이 고깔 모양이라는 것까지 낙우송과 메타세쿼이아를 닮았어요. 우리의 숲에서 많이 볼 수 있는 잎갈나무는 대부분 1970년대의 산림녹화 과정에서 집중적으로 심어 키운 것들입니다. 자람이 빠른 나무여서 헐벗은 산을 단시간에 푸르게 가꾸는 데는 효과적이지요. 그러나 그때 우리 숲에 심은 나무는 토종 잎갈나무가 아니라 일본에서 들여온 일본잎갈나무$^{Larix\ kaempferi\ (Lamb.)\ Carrière}$가 대부분입니다. 잎갈나무와 일본잎갈나무는 잎과 나무의 생김새가 무척 닮았지만, 분명히 다른 나무입니다. 하지만 잎갈나무든 일본잎갈나무든 가을에 붉은 단풍이 들고 낙엽을 하는 것까지 똑같지요.

늦가을쯤 우리 주변에서 쉽게 찾아볼 수 있는 잎갈나무 숲을 찾아서 천천히 걸어본다면 새로운 낙엽 밟는 기분이 들 겁니다.

가시도 잎이라면

#호랑가시나무 #굴참나무 #가이즈카향나무 #바늘잎

날카로운 가시가 달린 잎이 많이 있지만, 감탕나무과에 속하는 호랑가시나무만큼 가시가 억센 잎은 없을 겁니다. 이름에 백수의 제왕 호랑이를 붙인 것도 잎에 난 가시가 호랑이 발톱을 닮았다는 점 때문이죠.

또 호랑가시나무의 가지를 엮으면, 호랑이가 등긁개로 쓰기에도 알맞춤하다고도 합니다. 그래서 이 나무를 아예 호랑이 등긁개 나무라고 부르는 지방도 있습니다.

예수가 쓴 가시면류관은
무슨 나무로 만들었을까

　　호랑가시나무는 사철 내내 푸르른 싱그러움을 잃지 않을 뿐 아니라, 겨울에 맺는 새빨간 열매가 아름다워서 관상용으로 많이 키우는 나무이지요. 육각형 방패처럼 생긴 이파리 사이에 빨간 열매가 조롱조롱 돋아나는 호랑가시나무는 서양 사람들이 좋아하는 나무로, 성탄절 카드에도 자주 등장합니다. 호랑가시나무를 성탄 카드에 자주 그리는 데는 곡절이 있습니다.

　십자가를 지고 골고다 언덕을 오르던 예수의 머리에 씌웠던 가시면류관이 바로 호랑가시나무 가지로 만들어졌기 때문이지요. 호랑가시나무 면류관을 쓴 예수의 이마가 찢기고 할퀴이던 그때 예수의 아픔을 덜어주려는 새가 있었습니다. 로빈이라고도 부르는 '티티새'였습니다. 로빈은 예수의 이마에 박힌 가시를 뽑아내려 애쓰는 동안 제 가슴에 가시가 찔리는 바람에 피를 흘리며 죽게 됐습니다. 사람들은 예수의 고통을 덜어주려다 죽은 로빈을 귀하게 여기게 됐지요. 로빈의 기특함에 감동한 사람들은 나중에 로빈이 호랑가시나무의 열매를 좋아한다는 걸 알게 돼 호랑가시나무를 신성한 나무로 여겼어요. 예수의 가시면류관을 만든 나무이기도 하고, 예수의 고통을 줄여

잎 모양이 특별한 호랑가시나무는 언뜻 외국의 식물로 여기기 쉽지만, 오래전부터 우리나라에서 살아왔다.

주려 애쓰다 죽은 로빈과 관련된 나무여서 사람들은 성탄 때마다 호랑가시나무를 떠올리게 된 겁니다.

주로 우리 남부지방에서 자라는 나무인데, 잎 모양이 특별해서 언뜻 먼 외국에서 들여온 식물로 생각하기 쉽지만, 호랑가시나무는 우리나라에서 오래전부터 살아왔습니다. 천연기념물로 지정한 전라북도 부안의 변산면 도청리의 호랑가시나무 자생 군락지가 그 증거일 겁니다. 그뿐만 아니라, 전라남도 나주 공산면 상방리에는 임진왜란 때 이순신 장군 휘하에서 혁혁한 공을 세웠던 오득린 장군이 마을의 평화를 위해 심은 400년 된 호랑가시나무도 있습니다. 역시 천연기념물로 보호하는 나무입니다.

가시가 발달한 나무, 향나무

나뭇잎 가장자리에 가시 달린 나무가 호랑가시나무만은 아닙니다. 예를 들면 잎가장자리에 촘촘하게 돋아나는 잔 톱니 부분이 더 날카롭고 뾰족하게 발달하면서 아예 가시로 발달하는 경우도 있습니다. 밤나무나 굴참나무의 잎사귀가 그렇습니다. 그런데 밤나무나 굴참나무 잎사귀 가장자리의 가시는 그리 억세지 않습니다. 억센 정도는 다르더라도 이처럼 잎가장자리에 가늘고 뾰족한 가시가 발달하는 경우는 적지 않습니다.

아예 잎 전체가 가시 모양으로 돋아나는 나무도 있습니다. 향나무가 그렇지요. 향나무의 잎은 부들부들하면서, 마치 물고기의 비늘을 닮아서 비늘잎이라고 합니다. 그런데 향나무를 잘 살펴보면 한 그루의 나무에 두 가지 모양의 잎이 있다는 걸 알 수 있습니다. 부드럽고 매끈한 비늘잎과 달리 1년생이나 2년생 가지에서 돋아나는 잎은 뾰족한 가시 모양입니다. 온전한 비늘잎 모양을 갖춘 건 대략 7년생 이후의 가지에서입니다.

가시 모양 잎은 적잖이 불편합니다. 특히 조경수로 많이 심어 키우며 사람이 자주 만지게 되는 나무이다 보니, 여간 불편한 게 아닙니다. 이를테면 향나무를 가지치기 한다거나 분갈이할 일이 있다고 생각해보세요. 어린 가지에서 돋아난 바늘잎의 따가움을 피할 수 없습니다. 향나무의 어린 바늘잎은 짧은 데다 촘촘히 돋아나기 때문에 무척 따갑습니다. 더구나 이 새로 나는 바늘잎은 나무줄기의 아래쪽에서 돋아나서 사람의 얼굴이나 몸에 직접 닿는 부분이거든요.

굴참나무는 잎가장자리 톱니 부분이 날카롭고
뾰족하게 가시처럼 생겼다.

가이즈카향나무,
바늘잎이 비늘잎으로

불편함이 생기면 이를 해소하려는 노력이 따르겠지요. 가이즈카향나무 *Juniperus chinensis* 'Kaizuka'라는 품종이 만들어진 건 그래서입니다. 가이즈카향나무라는 독특한 품종의 향나무는 1928년 일본 종묘상의 목록에 처음 나타났다고 합니다. 가이즈카는 패총貝塚 즉 조개무지를 뜻하는 일본어인데요. 일본에는 이를 성씨로 하는 가문도 있고, 오사카에는 같은 이름의 고을도 있습니다. 어떤 이름을 따든 일본의 종묘상이 상품화한 나무인 거죠.

가이즈카향나무의 특별한 점은 향나무와 달리 새로 나는 잎도 가시 모양이 아니라 부드러운 비늘잎이라는 겁니다. 향나무의 어린 바늘잎 때문에 겪어야 했던 불편함을 덜 수 있다는 점에서 환영받게 된 거죠. 가이즈카향나무라면 편안하게 곁에 다가설 수 있습니다. 이 나무가 원예용으로 많은 사람들의 사랑을 얻는 데는 오랜 시간이 걸리지 않았습니다.

이야기 속 나뭇잎 2

나무에도 국적이 있을까?
가이즈카향나무

앞 장에서 가이즈카향나무를 이야기했는데요. 이 나무 이야기를 할 때마다 꼭 덧붙이고 싶은 이야기가 있습니다. 나무의 국적을 짚어보는 경우인데요. 여러 종류의 나무를 이야기할 수 있겠지만, 가장 대표적인 나무가 바로 가이즈카향나무입니다. 일제강점기의 조선 총독이었던 이토 히로부미가 좋아했다는 이유로 가이즈카향나무를 일제 침략의 상징으로 여기고, 나무를 뽑아내는 일에 대한 생각입니다.

시작은 이토 히로부미가 순종과 함께 1909년에 대구에 방문하며 기념식수를 한 것입니다. 순종은 달성 지역의 공원에 관심이 많았던 모양인지 금일봉 500원을 하사했다고도 합니다. 그리고 이토와 함께 달성공원을 찾은 거죠. 그런데 순종과 이토가 어떤 나무를 어디에 심었는지는 기록에 나오지 않습니다. 달성공원 사업을 맡았던 일본인의 기록에도 나무 종류와 관련한 기록이 없습니다. 기념식수를 한 건 사실이라고 해도 그들이 심은 나무를 확인하기는 어려운 겁니다. 그 뒤

1930년대의 기록에는 순종과 이토가 심은 나무를 찾아볼 수 없다고 돼 있습니다.

그런데 지금 달성공원에 있는 두 그루의 가이즈카향나무는 순종과 이토가 심었다고 알려져 있습니다. 여기에서 몇 가지 짚어볼 사실이 있습니다. 순종이 달성공원을 방문한 건 1909년인데, 가이즈카향나무라는 이름이 처음 기록으로 확인되는 건 1928년이거든요. 그러면 순종이 달성공원을 찾았을 때는 가이즈카향나무가 우리나라 안에 없던 것이잖아요. 게다가 1930년대의 기록에도 순종과 이토가 심은 나무의 흔적을 찾을 수 없다고 했으니, 더 이상합니다. 아무래도 이토 히로부미가 가이즈카향나무를 좋아했다는 이야기가 얽히고설키면서 잘못 전해온 것 아닌가 싶습니다.

이야기는 더 확대됩니다. 가이즈카향나무를 아예 일제 침략의 상징으로 여기게 된 겁니다. 따라서 민족정기를 바로잡아야 한다는 명분이 필요한 순간이라면 이 나무가 거론되면서, 가이즈카향나무를 모두 뽑아내야 한다는 주장이 힘을 얻게 됩니다. 실제로 학교나 공공기관, 문화재 주변에서 자라는 많은 가이즈카향나무는 이미 베어내거나 뽑아냈습니다. 또 얼마 남아 있지 않은 가이즈카향나무도 그간의 흐름이 이어진다면 머지않아 사라질 운명이지 싶습니다.

제 생각은 좀 다릅니다. 가이즈카향나무는 일본에서 먼저 이름 붙이고, 일본 사람들 덕에 널리 알려졌으며, 또 침략자들이 좋아한 나무였다고는 하지만, 그 유전자의 속내를 살펴보면 우리 땅에서 오래도록 자라온 향나무와 근본이 다르지 않다는 게 전문가들의 연구 결과입니다. 더 세심한 연구가 필요하겠지만, 어쩌면 가이즈카향나무는 우리의 나무가 일본의 기후와 일본인의 손을 거치며 다른 형태로 바뀐 것일 수도 있다는 걸 감안해야 하지 않을까 싶습니다.

그게 아니라 해도 침략의 무리가 좋아했던 나무라는 게 어린 생명체인 나무들이 이 땅에서 그리 탄압받아야 할 이유는 아니지 않은가요. 나무에게 무슨 죄가 있다고 참혹한 죽음을 당해야 하나요. 나무는 국경도 국적도 없는 평화로운 생명체입니다. 좋은 환경을 찾아 국경을 훌쩍 넘어서 자손을 번식시키며 생존 영역을 확장하는 게 나무가 살아가는 방식입니다. 그런 나무의 국적을 심사해 정치성을 부여한 뒤에 잔인하게 생명을 앗아가는 일은 결코 편안하게 받아들여지지 않습니다.

이야기 속 나뭇잎 3

나뭇잎으로 시작된 피바람
오동나무

나뭇잎 한 장이 역사를 완전히 뒤바꾼 경우가 있습니다. 조선 중종 때의 일입니다. 그때 마흔 즈음의 풍운아 조광조 趙光祖, 1482~1519가 있었습니다. 조광조는 중종반정 후에 유교적 이상 정치 구현의 깃발을 높이 든 개혁 정치가이지요. 어릴 적에 김굉필金宏弼에게 수학한 그는 벼슬자리에 나서서 조선 왕실의 잘못된 정치 행태를 몰아내고 새로운 국가를 이루겠다고 마음먹었지요. 그와 뜻을 같이한 사람들을 이른바 사림파라고 불렀고 조광조는 그들을 이끄는 지도자였습니다. 조광조의 사림파는 조선 사회의 기득권 세력인 훈구파의 잘못을 바로잡겠다는 뜻을 가진 관료들이었던 겁니다. 조광조는 당시 임금인 중종의 눈에 들어 개혁은 착착 진행됐습니다. 사림파의 대부분은 급진적 성향의 젊은 선비들이었고 이들은 훈구파와 갈등을 일으킬 수밖에 없었습니다. 개혁 과정에서 위태로워진 훈구파 세력은 자신들이 살아남기 위해서 조광조의 개혁을 무산시키고 싶어 했지요.

훈구파 관료들은 사림파를 쫓아내기 위해 나뭇잎을 이용했습니다. 그들은 궁궐 후원에서 자라던 나뭇잎에 '주초위왕走肖爲王'이라는 글씨를 꿀을 발라 새겨 넣었습니다. 시간이 지나면서 꿀을 먹이로 하는 벌레들이 나뭇잎을 갉아먹었고, 주초위왕이라는 네 글자가 또렷이 드러났습니다. 여기에서 '주초走肖'를 합치면 '조趙'자가 되고, '위왕爲王'은 왕이 된다는 뜻입니다. 조씨가 왕이 될 거라는 이야기지요. 그들은 중종에게 이 잎을 보여주며, 조광조와 사림파가 임금 자리를 넘보고 있는 기미를 하늘이 일러준 것이라고 했습니다. 조광조를 발탁하고 신임하던 중종은 이 사건을 계기로 숙청을 시작하고 결국 조광조를 비롯한 70여 명이 죽음에 이르게 됩니다. 엄청난 피바람이었습니다. 중종실록에는 누락되었으나 후대 『선조실록宣祖實錄 1年 9月 21日』에 기록된 이야기입니다.
　그러면 과연 꿀 바른 붓으로 주초위왕이라는 네 글자를 써서 벌레가 파먹게 한 뒤, 그 글자가 선명하게 드러나게 된 나뭇잎은 대관절 어떤 나무였을까요? 우리 곁에는 잎 한 장에 지름 3미터에 이르는 어마어마하게 큰 식물도 있습니다. 앞에서 이야기한 빅토리아수련이 한 예입니다. 그러나 그처럼 잎이 큰 식물이 우리나라에 들어온 건 아주 최근입니다. 게다가 빅토리아수련은 나무도 아니니, 중종 때의 그 나무는 아닐 겁니다.

그렇다면 어떤 나무였을까요? 그토록 잎이 큰 나무들을 한번 챙겨보죠. 우선 도시에 가로수로 많이 키우는 양버즘나무가 떠오르시겠지요. 플라타너스라고 더 많이 부르는 양버즘나무의 잎은 넓고 불규칙하지만 대개는 너덧 갈래로 얕게 갈라지는데, 그 길이가 20센티미터에 이르고, 폭 역시 그만큼의 크기를 넘습니다. 이 정도면 한자 넉 자는 충분히 쓸 수 있지 싶습니다. 그런데 양버즘나무가 우리나라에 들어온 건 100년쯤 전입니다. 500여 년 전인 기묘사화 때는 우리 궁궐에 없었습니다. 양버즘나무와 비슷한 크기의 잎이 달린 나무로, 도시 가로수로 많이 심어 키우는 튤립나무가 있긴 하지만, 그 나무 역시 우리나라에 들어온 건 100년이 채 안 됩니다.

500년 전에 이 땅에 살아 있던 나무 가운데 한자 넉 자를 새겨 넣을 수 있을 만큼 잎이 넓은 나무, 그건 오동나무 *Paulownia coreana* Uyeki밖에 없습니다. 오동나무만큼 잎이 넓은 나무가 하나 더 있긴 하지요. 벽오동 *Firmiana simplex* (L.) W.F.Wight의 잎이 그만큼 크지요. 그러나 벽오동은 우리나라의 따뜻한 남부지방에서 사는 나무이지, 궁궐이 있는 서울 지역에서 사는 나무가 아닙니다. 그러고 보면, 궁궐 뒤란에서 자라던 나무 가운데 주초위왕이라는 글자를 새길 수 있는 나뭇잎은 오동나무잎뿐입니다. 오동나무라고 정확히 밝힌 자료는 없습니다만, 아무리 짚어봐도 그 나무는 오동나무로 짐작할 수밖에 없습니다.

  서울을 비롯한 중부 이남에서 자라온 오동나무는 잘 자라면 20미터 높이까지 자라는 큰 나무입니다. 오동나무 목재는 가구 제작에 많이 이용했지요. 또 목재의 울림이 좋아서, 장구나 가야금과 같은 악기의 재료로도 많이 씁니다. 또 옛날 어른들은 딸을 낳으면 오동나무 한 그루를 심었다고 합니다. 오동나무를 잘 키워서 딸아이가 시집갈 때 혼수로 장롱 한 채 지어줄 요량이었다고 합니다.

  오동나무는 특히 한자 넉 자를 넉넉히 새겨 넣을 만큼 잎이 넓은 것으로 유명합니다. 대개 오각형의 오동나무잎은 길이가 20센티미터를 훌쩍 넘고, 폭도 30센티미터 가까이 자랍니다. 이처럼 큰 잎이 가을 되어 바람에 나부끼며 추락하는 가을 풍경은 우리에게 익숙합니다. 옛사람들이 우리의 가을을 '오동추梧桐秋'라고 불렀던 것도 오동나무 낙엽의 특별한 느낌을 바탕으로 한 것입니다.

잎이 넓은 오동나무

오동나무는 오래전부터 우리나라에서 자란 나무입니다. 당연히 궁궐 뒤란에 한 그루쯤 있을 법한 나무이지요. 물론 오동나무잎보다 작은 다른 나뭇잎에도 '주초위왕'이라는 한자를 새겨 넣을 수는 있습니다. 그러나 벌레가 갉아먹은 뒤에도 글자를 정확히 알아볼 수 있으려면 잎은 더 넓어야 했을 겁니다. 조광조와 사림파 세력을 몰아내기 위한 모함의 수단으로 오동나무잎은 아주 요긴했던 겁니다. '기묘명현己卯名賢'으로 불리는 조광조를 비롯한 사림파 선비들은 나뭇잎에 담긴 훈구파의 음모로 조정을 떠나게 되거나 죽음에 이르기까지 했습니다. 조선의 역사는 다시 훈구파 중심으로 돌아가게 된 거죠. 이 모든 일의 시작이 바로 한 장의 나뭇잎에서 시작되었다는 이야기입니다.

그럼에도 궁금함이 남습니다. 나뭇잎에 주초위왕이라는 글자가 선명하도록 벌레가 파먹을 수 있느냐입니다. 이걸 실제로 실험해보신 분이 있더군요. 그러나 사람이 알아볼 만큼 글씨가 남지 않았다고 합니다. 꿀로 새겨 넣은 글자 부분만 벌레가 파먹는 건 사실상 불가능하지 않을까 싶습니다. 그러면 기묘사화에 얽힌 이야기는 헛소문이었을까요? 그러나 분명히 기록에 남아 있을 뿐 아니라 많은 문인들이 기묘사화를 이야기할 때마다 자주 인용하는 건 사실입니다. 지금으로서 사실 여부를 확인하는 건 어렵습니다만, 신빙성을 갖고 인구에 회자할 만큼 오동나무잎이 크고 넓다는 건 분명합니다.

3.
나뭇잎의 생존 비결

수국꽃이 오래 피는 이유
#수국　#산딸나무　#꽃의구조　#꽃받침잎　#포

식물의 세계는 동물의 세계만큼 알려진 게 많지 않습니다. 그래서 더 신비롭고, 더 아름다운 건지 모르겠습니다. 식물이 주어진 환경에서 생명을 이어가는 주요 기관은 잎입니다. 그런데 잎은 환경에 따라 모양을 바꿉니다.

여기서 잠깐 괴테를 이야기해야 하겠습니다. 괴테가 남긴 특별한 과학 저술 가운데 『색채론』과 『식물 변태론Die Metamorphose der Pflanzen』이 있습니다. 특히 『식물 변태론』은 현대 식물학에도 큰 영향을 미친 훌륭한 저술입니다. 이 책에서 괴테는 식물의 모든 부분은 잎에서 변했다고 했습니다. 심지어 꽃잎조차 잎에서 변한 것이라고 했지요. 그의 생각은 식물의 DNA를 들여다볼 수 있는 현대의 식물학에서 하나둘 입증되는 중이지요. 무려 200년 전의 괴테가 식물학 전공자로서는 생각지도 못했던 사실을 이야기한 것입니다.

가짜 꽃잎, 꽃받침

나뭇잎은 환경에 따라 모양을 바꾸는 게 사실입니다. 수국 *Hydrangea macrophylla* (Thunb.) Ser.을 떠올리며 이해의 실마리를 찾아보지요. 수국은 여름 내내 눈길을 사로잡는 화려한 꽃차례 때문에 많은 사람들이 좋아하는 원예식물입니다. 그러나 커다란 꽃차례에 모여서 피어나는 한 송이는 제가끔 아주 작습니다. 꽃송이가 작다는 건 식물의 생존에 치명적이지요. 꽃이 피어나는 건 열매를 맺고 그 안에 자손을 번식할 씨앗을 키우기 위해서잖아요. 나무는 스스로 상대를 찾아가 혼사를 이룰 수 없으니, 다른 생물의 도움을 필요로 합니다. 그래서 누구보다 더 눈에 잘 띄는 꽃을 피워야 합니다. 그래야 나비가 됐든 벌이 됐든 매개곤충이 찾아올 것 아니겠어요.

그런데 수국의 꽃은 작습니다. 작아도 너무 작고, 심지어 꽃잎도 없는 안갖춘꽃입니다. 그러니 다른 곤충의 눈에 들 수가 없지요. 수국은 마침내 벌, 나비의 눈에 들기

풍성해 보이는 수국 꽃잎(위)은 전체적으로 꽃받침이 발달한 것이다. 산수국(아래)의 가운데는 작은 꽃송이가, 바깥 가장자리에는 꽃받침잎이 꽃잎처럼 피었다.

위해 신비로운 생존 전략을 펼쳤습니다. 바로 꽃잎을 닮은 조직인 꽃받침을 꽃잎처럼 변화시킨 겁니다. 수국의 꽃차례에서 꽃잎처럼 보이는 게 바로 그 부분입니다. 정확하게는 꽃받침잎이라고 부릅니다. 꽃받침조각이라고도 부르는 꽃받침잎은 꽃받침을 이루는 조각을 말하는 건데요. 다른 꽃에서는 대개 초록빛으로 꽃잎을 감싸는 구조로 발달하지요. 그 꽃받침잎이 수국의 꽃차례에서는 꽃잎처럼 발달합니다. 누가 봐도 꽃잎처럼 보이는 이 부분을 '위화僞花' 즉 가짜꽃 또는 헛꽃이라고 부릅니다.

꽃받침잎에 드러난 다양한 색깔은 시간이 흐르면서 변한다는 것도 수국 꽃의 특징입니다. 대개 수국이 뿌리 내린 땅의 성질에 따라 빛깔을 바꿉니다. 안토시아닌의 일종인 델피니딘의 농도, pH조건, 개화 진행 등 다양한 원인에 따라 붉은빛에서 푸른빛까지 다양한 색을 띠게 되는 거죠. 그렇게 쉽게 변화하는 특징 때문에 수국의 꽃말은 '변심變心'입니다.

수국 종류 가운데, 꽃받침잎이 꽃무더기의 바깥에서만 발달하는 종류도 있지요. 여느 수국 꽃과 별다르게 보이는 산수국*Hydrangea serrata* f. *acuminata* (Siebold&Zucc.) E.H.Wilson이 그것입니다. 산수국 꽃차례의 가운데 돋아난 꽃들은 여느 수국과 마찬가지로 작은 꽃송이만으로 이루어지고,

바깥 가장자리에만 꽃받침잎이 꽃잎처럼 발달하는 방식으로 피어납니다. 안쪽에서 피어난 꽃은 열매를 맺는 유성화有性花이고, 바깥쪽에서 꽃받침잎이 꽃송이처럼 변한 부분은 무성화無性花라고 부릅니다. 무성화는 열매를 맺지 못하는 꽃을 말합니다. 꽃 본래의 기능은 잃었지만, 수국 꽃차례에 없어서는 안 될 매우 중요한 부분입니다. 벌, 나비의 눈에 들지 않을 만큼 작은 꽃송이가 꽃가루받이를 하려니, 꽃받침이 꽃처럼 화려하게 발달한 겁니다.

여기에서 재미있는 일이 벌어집니다. 만일 위화 부분이 꽃잎이었다면 꽃가루받이를 마친 뒤에 존재할 이유가 없습니다. 꽃의 존재 이유는 꽃가루받이이니까요. 그런데 꽃잎이 아닌 꽃받침잎은 꽃가루받이를 마쳐도 굳이 떨어져야 할 이유가 없습니다. 잎이나 마찬가지인 거죠. 수국의 꽃차례가 곧 지지 않고 초가을까지 근사하게 남을 수 있는 이유입니다. 오래 꽃을 피워서 좋은 꽃이라고만 생각했는데, 그 안에는 생명을 이어가려는 아련한 몸짓이 담겨 있었던 겁니다.

산딸나무도 수국의 전략을 쓴다

꽃받침잎과 조금 다른 개념의 '포苞'라는

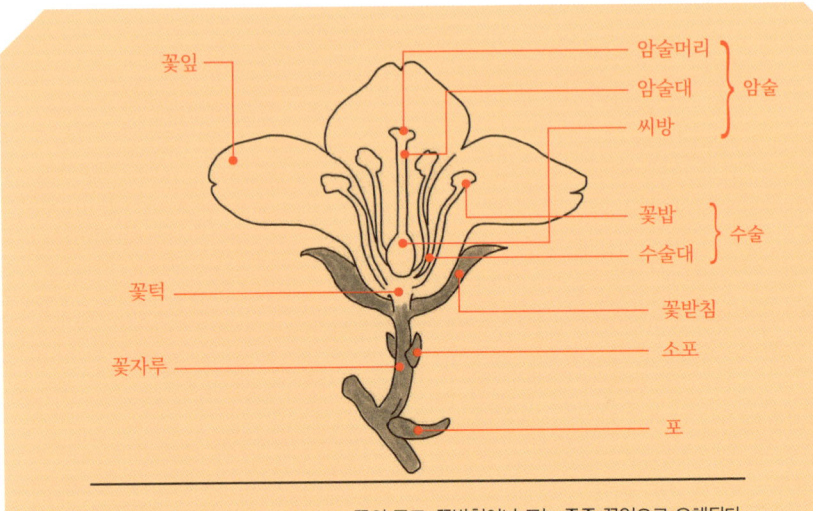

꽃의 구조. 꽃받침이나 포는 종종 꽃잎으로 오해된다.

것도 있습니다. 꽃받침잎은 꽃받침이 꽃잎처럼 변한 것이라고 이야기했는데, 포는 잎이 변화한 부분입니다.

포가 발달하는 대표적인 나무가 산딸나무*Cornus kousa Burger ex Hance*입니다. 층층나무과의 산딸나무도 꽃이 오래가는 나무로 사람들의 환영을 받는 나무입니다. 물론 산딸나무는 여느 층층나무과의 나무들과 마찬가지로 가지를 층층이 수평으로 펼쳐서 꽃뿐만 아니라 나무 모습이 아름답습니다. 하지만 산딸나무가 가장 아름다울 때는 역시 하얀색 꽃이 흐드러지게 피어날 때입니다. 수평으로 펼친 나뭇가지 전체에 하얀 꽃이 피어나서 갑자기 나무 주위가 환해진다는 느낌을 줍니다. 키보다 넓게 펼친 가지 전체에 환한 알전구를 촘촘히 세워놓은 듯도 합니다. 그야말로 장관입니다.

꽃이라고 했지만, 산딸나무에서 꽃잎처럼 보이는 부분은 꽃이 아닙니다. 수국의 생존 전략과 다를 게 없습니다. 산딸나무의 진짜 꽃은 꽃잎처럼 보이는 하얀 부분 안쪽에 작은 구슬처럼 돋아난 부분입니다. 그 자리에 여러 송이의 한없이 작은 꽃들이 촘촘히 피어 있습니다. 꽃이 워낙 작다 보니, 산딸나무도 수국과 마찬가지로 분장술을 발달시켰습니다. 이때 산딸나무가 이용한 조직은 잎이었지요. 잎을 꽃송이에 가까이 다가서게 한 뒤, 꽃잎처럼 화려하게 발달시킨 겁니다. 이 잎을 '포'라고 합니다.

꽃받침잎이나 포나 모두 꽃을 조금이라도 더 화려하게 꾸미려는 식물의 전략으로 발달한 부분입니다. 꽃잎이 화려하지 않아서, 꽃받침이나 잎사귀를 변형해 벌과 나비를 불러 모아 꽃가루받이를 이루려는 것이지요.

산딸나무의 진짜 꽃은 하얀 부분 안쪽에 작은 구슬처럼
돋아난 부분이고 꽃잎처럼 보이는 부분은 '포', 즉 변형된 잎이다.

포와 꽃받침잎으로
꽃차례를 이루는 식물들

다시 괴테의 이야기에 귀 기울여보지요. 괴테는 식물의 모든 부분이 잎에서 변한 것이라고 이야기했고, 그의 이야기가 현대의 유전학에서 하나둘 입증되고 있다고 했잖아요. 꽃도 결국은 잎이 변화한 부분이라는 겁니다. 꽃을 이루는 꽃받침, 꽃잎, 수술, 암술도 모두 잎에서 변화되어 생성됐다는 게 괴테의 주장입니다. 나뭇잎은 더 유리한 생존을 위해 잎은 포로, 꽃받침잎은 위화로 변화할 채비를 갖추고 있다는 거죠.

꽃받침잎이나 포를 발달시켜 생존을 이어가는 식물은 수국과 산딸나무 외에도 많이 있습니다. 이를테면 겨울부터 봄까지 꽃을 피우는 헬레보루스 종류, 또 허브 식물로 많이 심어 키우는 라벤더 등이 모두 포와 꽃받침잎으로 꽃가루받이에 유리한 꽃차례를 이루는 식물들입니다. 이들 식물의 꽃차례가 여느 식물보다 오래 가는 원리는 수국과 산딸나무 꽃차례의 그것과 똑같습니다.

잎은 식물의 생존 바탕입니다. 식물이 더 유리한 생존을 만들어가기 위한 모든 채비는 바로 잎에서 이루어진다는 겁니다.

식물에게도 지성이 있다?

#이란주엽나무　#식물의가시　#찰스다윈

나무는 이 땅에 처음 생명을 일으킨 생명체입니다. 바다에서 처음 태어난 생명이 뭍으로 올라온 건 4억 년 전입니다. 고작 25만 년을 살아온 호모사피엔스로는 체감할 수 없는 긴 시간입니다. 뭍으로 처음 올라온 생명은 식물이었습니다. 식물이 지구를 초록으로 물들인 과정은 이 땅에 다른 생명이 태어나 살 수 있는 바탕이 되었습니다. 나무를 꼼꼼히 살펴보는 일은 그래서 생명의 역사를 살펴보는 일과 다르지 않습니다. 우리 곁에 살아 있는 식물의 모습에는 4억 년 생명 진화의 역사가 담겨 있습니다. 생명이 대관절 어떤 관계를 맺으며 살아오는지, 즉 생명의 비밀을 간직하고 있다는 이야기입니다.

나무 한 그루에 새겨진
생명의 진화 과정

시간이 지나면서 서서히 진화해가는 특징을 보여주는 나무를 소개할게요. 이 나무는 이란의 사막 지역에서 자생하는 나무이지요. 그래서 그냥 이란주엽나무*Gleditsia caspica* Desf.라고 불러왔습니다. 같은 주엽나무 종류의 나무 가운데, 중국에서 들여온 나무를 '조각자나무'라고 부르기는 하지만, '중국주엽나무'라고 불러왔던 것과 같은 방식이었지요. 그런데 최근 국가표준식물목록에서는 이 나무의 원산지인 '카스피해' 지역을 드러내 '카스피주엽나무'를 추천명으로 정했습니다.

콩과에 속하는 이란주엽나무는 우리 땅에도 사는 주엽나무의 일종입니다. 이란주엽나무의 특별함은 멀리서도 단박에 눈에 들어오는 억센 가시에 있습니다. 우리의 주엽나무도 줄기와 가지에 가시를 달고 자라기는 합니다만 이란주엽나무의 가시는 유난히 고약해 보입니다.

이란주엽나무가 지난 20여 년에 걸쳐 보여준 변화를 이야기하렵니다. 생명 진화 과정의 한 단면을 살펴볼 수 있는 특별한 경우입니다.

가시가 무성한 이란주엽나무이지만,
위쪽에서는 가시를 전혀 찾아볼 수 없다.

왜 낙타 키만큼만 가시가 자랄까

이란주엽나무는 도저히 가까이 할 수 없을 만큼 성난 가시가 줄기와 가지 전체에 촘촘히 돋아납니다. 가시는 밑동에서부터 줄기를 타고 퍼져 있는데, 눈을 들어 나무 전체를 살펴보면 그토록 무성한 가시를 위쪽의 가지에서는 찾아볼 수 없습니다. 마치 자를 대고 잘라낸 것처럼 딱 일정한 높이까지만 가시가 돋아 있습니다. 신비롭기도 하고 재미있기도 합니다. 아래쪽과 위쪽이 전혀 다른 나무처럼 보일 정도이죠.

가시 돋친 자리는 바로 낙타의 키 높이입니다. 척박한 사막에 뿌리 내린 이란주엽나무가 처음부터 가시를 낸 건 아니겠지요. 잎을 내야 광합성을 하고 그래야 스스로 자랄 수 있는 양분을 지어냈을 테니까요.

그러나 식물은 물론이고 다른 생명이 살기 어려운 환경에서 이란주엽나무를 위협하는 존재가 있었습니다. 바로 낙타였습니다. 낙타는 먹이를 찾을 수 없는 사막을 오가는 동안 이란주엽나무를 발견했고, 잎과 여린 가지를 마구 뜯어 먹었을 겁니다. 별다른 먹이를 찾기 어려운 사막에서 나무의 여린 가지와 잎은 더없이 좋은 먹이였겠지요. 이란주엽나무가 온전히 살아남으려면 낙타의 공격을 피해야만 합니다. 낙타가 좋아하는 잎과 가지가 달린 나무로서는 피할 수 없는 운명입니다.

그래서 나무는 스스로를 지켜내기 위해 낙타가 다가서지 못하도록 가시를 돋워낸 겁니다. 가시가 아니라면 낙타는 잎사귀에서부터 어린 가지까지 마구잡이로 먹어치우겠지요. 잎사귀를 낙타에게 다 빼앗기면 나무는 살아남을 수 없습니다. 광합성으로 양분을 만들어야 할 잎이 없어지게 되니까요. 그래서 나무는 생존을 위협하는 최악의 사태를 막기 위해 가시를 뻗어낸 겁니다.

그러나 낙타 외에는 별다른 공격을 경험한 적이 없는 이란주엽나무는 굳이 낙타의 입이 닿지 않는 높은 곳까지 가시를 낼 필요는 없었습니다. 그건 에너지 낭비이겠지요. 외부의 공격이 없는 자리라면 광합성을 할 수 있도록 초록 잎을 더 많이 내는 게 생존에 유리하겠지요. 나무가 낙타의 키 높이를 정확히 알아보고 딱 그 높이까지만 가시를 돋워내는 걸 보면, 나무가 지닌 삶의 지혜가 흥미롭게 느껴질 만합니다. 한곳에 뿌리를 내린 뒤, 꼼짝달싹 못 하고 모든 동물의 공격을 선 채로 당해야만 하는 나무들의 자구책이 재미있습니다. 또 꼭 필요한 만큼의 방어 수단으로 살아가는 나무살이의 효용성을 엿보게 됩니다.

이야기는 여기가 끝이 아닙니다. 지난 20여 년 동안 이

나무를 관찰하던 과정에서 놀라운 현상을 발견했어요. 2010년의 봄이었어요. 무심히 천리포수목원에 나무를 찾아갔는데, 아, 글쎄! 가시가 무성하던 자리에서 난데없이 초록 잎이 돋아난 게 눈에 들어왔습니다. 이건 말이 안 되잖아요. 이란주엽나무가 왜 가시를 내야 할 자리에서 잎을 돋웠냐고요. 아하! 벌써 눈치채셨군요. 그렇습니다. 천리포수목원에서는 낙타의 공격을 막을 필요가 없다는 걸 이란주엽나무가 알아챈 겁니다.

식물의 기억력과 판단력

여기에서 아주 중요한 질문이 생깁니다. 이란주엽나무는 낙타의 공격을 피하지 않아도 된다는 걸 어떻게 알았을까요? 이란주엽나무가 천리포수목원에 자리 잡은 건 1970년대였습니다. 그리고 가시 대신 잎을 처음 피워낸 것이 2010년이었으니, 40년쯤 지난 것이지요. 나무는 그동안 사막에서처럼 낙타의 공격을 받지 않은 것은 물론, 솜씨 좋은 조경사들의 보살핌을 받고 잘 자랐습니다. 낙타도 없는데, 낙타를 피하기 위해 많은 에너지를 소비하면서 가시를 돋워낼 이유가 없는 걸 나무가 알아챈 겁니다.

가시가 있을 자리에 잎이 돋아난
천리포수목원의 이란주엽나무.

그런데 나무는 지난 40년 동안의 경험을 어떻게 기억할까요? 나무에게도 기억력이 있다고 했던가요? 이어서 질문 하나 덧붙이겠습니다. 나무가 지난 일을 모두 기억한다고 치자고요. 그런데 나무는 그동안 낙타의 공격이 없었으니, 앞으로도 낙타가 찾아올 리 없다고 판단도 한 거잖아요. 그 판단력은 어디에서 나왔을까요? 두 개의 질문이 합리적이라면, 나무는 기억력과 판단력을 가지고 있는 셈입니다만, 이 두 가지 능력은 뇌에서 나온다고 알고 있어요. 그런데 나무는 뇌가 없잖아요. 어떻게 기억을 하고, 판단까지 할 수 있었을까요?

이 질문을 처음 한 사람은 찰스 다윈이었습니다. 다윈은 『종의 기원』을 발표한 뒤에 식물을 집중적으로 연구했습니다. 그가 말년에 아들과 공저 형식으로 낸 책 가운데 『식물 운동의 원리 The Power of Movement in Plants』(1880)라는 책이 있습니다. 그 책이 바로 이 질문에 대한 답을 찾으려는 노력의 결과였지요. 생명 진화의 비밀을 탐구해온 다윈은 궁금했습니다. 식물의 살림살이를 살펴보면 매우 지능적으로 보이는데, 그 근원이 어디에 있는지를 알고 싶었어요. 그래서 다양한 실험을 합니다. 그 결과 다윈은 이 책의 결론을 말합니다. "식물에게도 하등동물 수준 이상의 인텔리전스가 있다"는 것입니다. 그는 지능이라고 이야기하지 않고 인텔리전스, 우리말로 번역하자면 '지성'이라고 할 능력을 식물에게 부여했습니다. 단순한 지각 활동뿐 아니라 이를 바탕으로 새로운 인식에 이르는 능력이 있다는 겁니다.

다윈의 통찰에 동의하실 수 있으신가요? 무엇보다도 이란주엽나무가 사막 지대가 아닌 수목원 안에서 40년의 세월을 사는 동안 보여준 변화를 꼼꼼히 살펴본다면 다윈의 통찰을 거부할 수 없을 겁니다.

화살나무의 방어 전략
#화살나무 #담배풀 #코르크질 #화학물질

우리는 철 따라 먹을거리를 다양하게 바꾸어가며 식생활을 즐깁니다. 이런 걸 우리는 제철 음식이라고 하지요. 봄의 제철 음식은 '봄나물'이겠지요. 봄나물의 재료는 식물의 잎입니다. 식물의 잎은 사람뿐 아니라, 초식동물에게도 좋은 먹을거리입니다.

식물은 너그러이 자신의 모든 것을 내어주는 생명이라고 생각하게 되지만 꼭 그런 것만은 아닙니다. 식물이 영양분을 만드는 데 꼭 필요한 잎을 사람이나 초식동물에게 빼앗긴다면, 살아갈 힘을 잃는 셈이 됩니다. 그걸 모르지 않는 식물 스스로 잎을 보호하기 위한 생존 전략을 세우며 진화해왔습니다.

산골 마을에서 어린 시절을 보낸 분들에게는, 찔레꽃 잎과 가지를 꺾어서 질경질경 씹어 먹었던 기억이 있을 겁니다. 이때도 맛 좋은 잎을 먹으려면 어린 순을 따야 합니다. 아무리 좋은 잎이라 해도 다 자란 잎은 질길 뿐만 아니라 새콤한 맛도 덜합니다. 온전히 자란 잎을 사람들은 '쇠었다'고 합니다. 좋은 봄나물은 식물이 다 자라기 전의 어린잎으로 무쳐내야 합니다.

토마토와 감자 새잎에는 소화불량 성분이

새잎을 뜯으러 찾아오는 사람과 초식동물의 공격에 식물이 대책을 세우지 않으면 안 됩니다. 그래서 식물이 가장 먼저 선택한 생존 전략은 잎을 초식동물이 소화시키기 어려운 성분으로 키워내는 겁니다. 어떤 식물은 초식동물이 잎을 뜯어 먹을 때 잎에 나는 상처 부위에서 특별한 효소를 분비하기까지 합니다. 동물의 소화를 훼방하는 역할을 하는 효소이지요. 토마토와 감자가 그런 식물입니다. 그래서 토마토와 감자의 새잎을 뜯어 먹은 동물은 소화불량에 걸립니다. 소화불량 경험이 반복되면 동물은 감자와 토마토를 싫어하게 될 겁니다. 또 어떤 식물은 아예 새로 나는 가지의 일부를 코르크질로 변형시키지요. 코르크질은 소화가 안 되는 건 물론이고, 텁텁한 맛 때문에 다시 먹고 싶은 생각이 싹 사라지게 하거든요.

 잎을 동물의 치아로는 잘 씹히지 않을 정도로 두껍고 딱딱하게 만드는 경우도 있습니다. 대개 상록성 나무들이 그런 경우지요. 동백나무, 사철나무, 호랑가시나무 등의 잎은 두꺼울 뿐 아니라, 딱딱해서 입에 넣고 씹기가 무척 불편합니다. 작은 곤충이 뜯어 먹기는 더 힘들겠지요. 게다가 호랑가시나무처럼 가장자리에 뾰족한 가시가 돋아 있는 잎을 입에 넣고 오물거렸다가는 입안이 온통 헐어버리는 참사를 겪어야만 할 겁니다.

 서로 나눠 먹으면서 사는 것처럼 평화롭게 보이는 숲이지만, 식물도 살아남기 위해서 치열하게 살 수밖에 없습니다. 그렇게 하지 않으면 식물은 배고픈 곤충과 초식동물이 게걸스럽게 먹어치우는 바람에 모두 사라지고 말겠지요. 이어서 자연의 평형상태도 망가지게 되겠지요. 결국은 모두가 살아남기 위해서 애면글면하는 것이 자연의 미덕 아닌가 싶습니다.

줄기를 더 크게, 더 맛없게

　식물에게도 분명히 치열한 자기 방어 기능이 있습니다. 화살나무*Euonymus alatus* (Thunb.) Siebold가 떠오른 건 그래서입니다. 우리나라 어디에서나 잘 자라는 화살나무는 예부터 우리 민족과 함께한 토박이 나무입니다. 화살나무라는 특별한 이름은 줄기에 붙어 있는 독특한 모양의 날개 때문에 붙었지요. 줄기 옆으로 돋은 날개가 영락없이 화살 끝에 붙인 날개를 닮았거든요. 한자로도 화살과 날개를 뜻하는 전箭 자와 우羽 자를 이용해, 귀전우鬼箭羽 혹은 혼전우魂箭羽라고 부릅니다.

　봄 여린 잎이 나물로 무쳐 먹기도 좋은 화살나무를 '홑잎나물' '횟잎나물'이라고 부르는 지방도 있습니다. 사람이 먹을 수 있다는 건, 초식동물의 먹이로도 좋다는 이야기가 됩니다. 화살나무가 숲에서 살아남으려면 특별한 대책이 필요할 수밖에 없습니다. 화살나무는 자기를 보호하기 위해 먼저 변장술을 부립니다. 줄기를 더 크게 보이는 변장이지요. 줄기의 두 배, 때로는 네댓 배쯤이나 크게 보일 요량으로 날개를 지어냅니다. 그건 효과적인 방어 전략입니다. 초식동물이 노리는 건 화살나무의 새로 난 가지, 즉 가느다란 가지이거든요. 그런데 날개를 붙여 변장한 가지는 굵게 보이잖아요. 그러면 초식동물

화살나무는 줄기 옆으로 돋은 날개가 영락없이
화살 끝에 붙인 날개를 닮았다.

들은 가지가 '쉬었다'고 생각하고 찾아오지 않을 겁니다.

그러나 화살나무는 그것만으로 안도하지 못했습니다. 일정한 가장 효과는 있지만, 위장술에 넘어가지 않는 노련한 짐승들이 적지 않았던 거죠. 그러자 화살나무는 날개를 코르크질로 만들었습니다. 앞에서 이야기한 대로 초식동물이 줄기를 씹을 때, 본래의 단맛을 상쇄시킬 만큼 불쾌한 맛을 남기려는 전략이었던 겁니다.

그런 생명력으로 살아남은 가녀린 몸의 화살나무는 무사히 여름을 지내고 가을을 맞이하면 숲속의 다른 큰 나무들 틈에 끼어 여느 단풍나무 못지않은 단풍을 자랑하지요. 지극한 간절함으로 살아남은 생명이기에 한 해의 노동을 접는 가을에 들어서면서 펼쳐내는 나무의 붉은빛이 더 화려하고 장하게 느껴질 수밖에 없습니다.

어떤 방식으로든 세상의 모든 생명은 포식자의 공격에 할 수 있는 모든 수단을 동원해서 제 몸을 지키고자 애씁니다. 스스로 악착같이 살아남으려는 건 모든 생명의 가장 본능적이고 기본적인 원리입니다.

식물과 곤충의 협공

여기에서 식물의 아주 특별한 방어 전략

각종 변장술로 무사히 봄, 여름을 지내고
가을 단풍이 든 화살나무.

한 가지만 간단히 덧붙입니다. 담배풀 이야기입니다. 담배풀은 다른 곤충의 침입에 맞서 여러 방식으로 스스로를 지키려고 애를 씁니다. 화살나무 못지않게 치열하지요. 잎에서 동물의 소화를 방해하는 물질을 뿜어내는 것으로 시작합니다. 하지만 곤충들도 식물의 전략에 대비하지요. 식물과 곤충이 맞서게 됩니다. 만일 여기에서 곤충이 물러서지 않는다면, 담배풀은 그다음 전략으로 새로운 화학물질을 뿜어냅니다. 이건 담배풀에게 우호적인 다른 동맹군을 불러들이는 신호입니다. 담배풀의 신호는 참노린재와 말벌에게 전해지고 이들은 전투에 나섭니다. 담배풀을 뜯어 먹으며 성가시게 하는 박각시과의 나방의 애벌레를 쫓아내거나 애벌레의 몸 안에 알을 낳아 애벌레를 새끼 말벌의 영양으로 쓰는 식으로 담배풀이 위기를 모면하도록 돕는 겁니다. 식물과 곤충이 어울려 말없이 살아가는 숲에는 이처럼 놀라운 소통 방식이 존재합니다.

자연에 존재하는 모든 생명들은 서로 협력하고 의존하며 공생합니다. 때로는 먹이사슬의 피식자가 되기도 하지만, 어떤 생명체도 아무 대책 없이 먹이로 사라지지 않습니다.

귀신도 외적도 막는, 가시의 활약

`#음나무` `#탱자나무` `#가시`

잎은 나무의 생존을 위해 다른 모습으로 바뀌기도 합니다. 그 중의 하나가 가시입니다. 물론 가시는 잎에서 변형된 것만은 아닙니다. 가시는 잎, 가지, 수피(나무껍질) 중의 하나가 변한 것입니다.

가시 달린 나무는 앞에서 이야기한 이란주엽나무처럼 잎이나 가지를 먹을 수 있을 뿐 아니라, 맛도 좋은 편입니다. 사람은 물론이고 초식동물의 주요한 먹이가 되는 나무여서 제대로 자라지도 못하고 짐승의 먹이로 사라질 위험에 노출될 수밖에요. 참담한 사태를 막기 위해 식물은 방어용 가시를 만들어냅니다.

음나무 가시는 귀신을 잡는다

흔히 엄나무라고 부르는 음나무 *Kalopanax septemlobus* (Thunb.) Koidz.도 그 가운데 하나입니다. 음나무는 닭백숙에 넣기도 하고, 새순을 나물로 먹기도 하잖아요. 음나무의 새순은 밭에서 키우는 두릅과 생김새나 맛이 비슷해서 개두릅이라고 부릅니다. 사람뿐 아니라, 초식동물도 음나무 순이나 새 가지를 마구 뜯어 먹습니다. 그래서 음나무는 어린 가지에 흉측할 정도로 무성한 가시를 돋워내서 초식동물의 공격을 피하려는 겁니다.

우리 옛사람들 사이에는 가시에 얽힌 재미있는 이야기가 있었습니다. 음나무 가지의 가시가 귀신을 막아준다는 겁니다. 귀신들은 대부분 옷자락을 치렁치렁 늘어뜨리고 나타나잖아요. 이를테면 처녀귀신은 치맛자락을, 저승사자 같은 귀신은 도포 자락을 휘날리며 불쑥 날아오지요. 그 귀신이 사람의 집에 들어올 때는 대문을 거치는 것이 아니라, 담을 뛰어넘습니다. 이때 담장 곁에 음나무가 있으면 귀신의 옷자락이 음나무 가시에 걸리게 됩니다. 그때 귀신은 '아. 이 집에는 나를 붙잡는 무시무시한 무언가 있구나'라고 생각하고 돌아간다는 겁니다. 집집마다 음나무를 한 그루씩 심어 키웠던 이유였지요. 심지어 나무를 키울 만한 사정이 안 되면 음나무 가지를 대청

음나무 새순은 두릅과 생김새나 맛이 비슷해
개두릅이라고 불리며, 초식동물이 좋아하는 먹이다.

앞에 걸어두었답니다.

그 많던 가시는 어디로 갔을까

음나무가 일정한 크기로 자란 뒤에는 그토록 무성하던 가시들은 흔적도 없이 사라지기도 합니다. 이를테면 우리나라에서 가장 오래된 음나무인 강원도 삼척 궁촌리 음나무가 그렇습니다. 이 음나무는 마을 논가에서 1천 년 넘게 살아온 나무입니다. 고려의 마지막 왕인 공양왕이 자객을 피해 도망 다니던 중에 이곳에 들어와서는 이 음나무 곁에 오막살이를 했다고도 합니다. 자객의 습격이 두려웠던 공양왕도 벽사의 힘을 가진 이 음나무에 기대고 싶었던 겁니다.

그런데 이 음나무의 어느 부분에서도 가시를 찾을 수 없어요. 간단한 이치입니다. 가시는 초식동물의 공격을 피하려 낸다고 했잖아요. 그런데 이 음나무는 이미 초식동물이 먹기 어려울 만큼 줄기가 굵어졌으니 굳이 가시를 내느라 에너지를 소비하지 않아도 된 거죠.

사실 가시를 내는 건 나무에게 상당한 에너지가 필요한 일이거든요. 처음에는 살아남기 위해 에너지를 써서 가시를 냈지만, 초식동물이 뜯어 먹지 못할 만큼 자란 뒤에는 그 에너지를 다른 데 쓰면서 살아가는 거지요. 참 지혜로운 생존 전략입니다.

곳곳에서 활용되던 탱자나무 산울타리

음나무와 달리 죽는 순간까지 가시를 달고 살아가는 나무도 있어요. 나이가 들어도 크게 자라지 않는 특징 때문에 마지막 순간까지 초식동물의 위협에서 안전하지 않은 나무들이 그렇습니다. 탱자나무 *Poncirus trifoliata* (L.) Raf.가 그런 나무입니다. 탱자나무는 나뭇가지 전체에 억센 가시를 매우 촘촘히 돋워내고 평생을 살아갑니다. 그래서 예부터 도둑을 막기 위해 탱자나무를 산울타리로 심어 키웠던 겁니다.

옛날에 죄인을 유배지에 보내고 '위리안치圍籬安置'라는 벌을 내린 적이 있습니다. 위리안치는 그야말로 주위에 울타리를 치고 죄인은 그 바깥으로 나오지 못하게 하는 엄중한 벌입니다. 이때 울타리를 탱자나무로 칩니다. 탱자나무 울타리 안에 든 사람은 바깥으로 나올 수 없었고, 바깥에서도 죄인을 만나러 들어갈 수 없게 한 거죠. 잔혹한 형벌이지 싶습니다.

억센 가시가 촘촘히 돋아나는 탱자나무는 민가에서는
방범용 울타리로, 유배지에서는 위리안치용 울타리로 쓰였다.

탱자나무를 산울타리로 활용한 경우는 헤아릴 수 없이 많습니다. 민가의 울타리는 말할 것도 없고, 성곽 둘레에 탱자나무를 심어 키운 경우도 있습니다. 이순신 장군도 주둔했던 적이 있는 충남 서산의 해미읍성은 아예 '탱자나무 성' 한자로는 '지성枳城'이라고 불릴 정도로 탱자나무 산울타리가 무성했다고 합니다. 지금은 그때의 탱자나무를 찾아볼 수 없습니다만, 옛사람살이를 되살리기 위해 새로 탱자나무를 심어 키운답니다.

성벽에 울타리로 심어 키운 대표적인 탱자나무가 있습니다. 워낙 역사적 의미가 있어서 아예 천연기념물로 지정해 보호하는 나무이지요. 바로 고려 때부터 외적의 침입 때, 피난한 왕의 임시 거처로 삼았던 강화도 갑곶리와 사기리에 살아남은 400여 년 된 탱자나무 두 그루입니다.

강화도 탱자나무 성곽

강화도는 몽골의 침입이 있던 고려 고종(재위 1213~1259) 때부터 임금의 피난처로 쓰인 섬입니다. 서울에서 가까운 데다, 해전海戰에 약한 몽골 군사를 피하는 데는 알맞춤했기 때문이지요. 같은 이유로 조선의 임금도 강화도를 활용했습니다. 정묘호란 때 인조가 그

랬지요. 나중에는 조정에서 긴급 상황이 발생할 때 임금이 피할 수 있도록 강화도를 '보장지保障地'라는 이름으로 지킵니다. 강화도는 특히 숙종 때 방어 시설을 강화합니다. 돈대를 시작으로 강화외성과 문수산성이 지어지고, 그 관리 체계까지 확립했지요. 그때 강화도에 쌓은 성은 주로 흙으로 쌓은 토성이어서 허물어지기 일쑤였습니다. 그러자 영조 때 성을 보수하는데, 이때 탱자나무가 등장합니다. '강화유수 원경하元景夏의 상서' 형식으로 남은 기록에는 "장맛비로 무너진 곳이 성의 절반이 넘어 가슴이 아프다"며 많은 비용을 쓰지 않고도 장성長城을 만들 수 있는 계책으로 나무를 심자고 합니다. 강화 지역민을 동원해 나무를 심으면 6~7년 안에 200리에 이르는 거리를 성처럼 쌓을 수 있다는 겁니다. 그럴 경우, "밖에는 아득한 바다가 자연스럽게 호참濠塹(성 둘레의 구덩이)을 이루고 있어 적을 방어하는 계책이 이보다 좋은 곳은 없을 것이며, 연해의 토성土性도 탱자나무를 심기에 가장 적합하여 종종 진鎭·보堡가 밀림密林이 된 곳이 많다"고 했습니다. 덧붙여 그는 "고려의 최영이 탐라국을 격파하지 못한 것은 지책枳柵(탱자나무 목책) 때문"이라며 탱자나무 성곽의 효용성을 강조했습니다.

하지만 탱자나무는 강화도 지역에서 살기 어려웠습니

역사적 요충지인 강화에서는 탱자나무로
성벽을 둘러 전쟁에 대비했다.

다. 물론 지구 전체의 기온이 따뜻해진 지금은 강화도보다 북쪽에서도 탱자나무가 자라지만, 그때는 강화도가 탱자나무가 자라기에 너무 추웠지요. 결국 왕실에서는 영남지방에서 잘 자라는 탱자나무를 공수하여 성벽 곳곳에 심었습니다. 이 땅의 남녘에서 잘 자란 나무들은 이 나라의 위급한 상황에 왕실을 지키기 위해 고향을 떠나와서 나라의 파수꾼 노릇을 했던 겁니다. 세월 지나며 강화도 성벽의 탱자나무는 모두 죽고, 두 그루만 살아남았습니다.

나무에 돋는 가시는 나무가 이 땅에 살아남기 위한 안간힘입니다. 그리고 그 가시의 도움으로 사람살이를 더 평안하게 지켜왔던 겁니다. 나무와 사람이 더불어 살아가는 살림살이 이야기였습니다.

태초에 박테리아가 있었다
#시아노박테리아　#공생이론　#린마굴리스　#엽록체

광합성을 이야기하기에 앞서 최근에 우리가 겪은 특별한 날들을 돌아보겠습니다. 세계적인 팬데믹 사태 말입니다. '코로나19' 바이러스 이후 세상은 정말 놀라웠습니다. 눈으로 볼 수도 없는 작디작은 바이러스 때문에 우리의 모든 일상은 정지됐습니다. 환하게 미소 짓던 얼굴은 마스크로 가려야 했고 반가운 사람을 만나도 손 한번 마주잡을 수 없었으며 비좁은 엘리베이터에서는 서로 눈치를 보며 거리를 둬야 했어요. 그 사람의 몸 어딘가에 도사리고 있을 바이러스 생각으로 서로를 경계의 대상으로 삼았어요. 학교 운동장은 텅 비었고, 골방에 틀어박혀 '비대면 수업'이라는 낯선 방식으로 공부했습니다. 직장

인들도 출근보다는 '재택' 근무로 하루하루를 이어갔습니다. 그야말로 한 번도 경험하지 못한 특별한 세상을 살게 된 거죠.

대관절 바이러스가 무엇이기에 이토록 고통을 받아야 하는지 난감한 날들입니다. 바이러스는 생명체가 아닙니다. 생명체라면 그 안에 세포가 있어야 하고 세포핵이 있어야 하는데, 바이러스에게는 그런 게 모두 없습니다. 바이러스는 평균 크기가 1만 분의 1밀리미터밖에 되지 않는 매우 작은 물질입니다. 이만큼 작은 물질에게 만물의 영장이며, 지구의 모든 생물을 다스리는 듯이 살아온 호모사피엔스가 이토록 속수무책이라니 당혹스러울 지경입니다. 우리가 정말 지구의 정복자, 혹은 만물의 영장이 맞기나 한지 모르겠는 정도입니다.

하나의 물질에 불과한 바이러스는 숙주의 몸에 들어가야만 활성화하지요. 그런데 숙주의 몸에 들어가 바이러스가 할 수 있는 건 고작해야 스스로를 복제하는 일밖에 없습니다. 그런데 바이러스는 스스로를 더 효과적으로 복제하는 데 매우 특별한 능력을 발휘하는 특별한 물질입니다. 무엇보다 숙주를 자기 마음대로 조종합니다. 이를테면 우리가 감기 바이러스에 감염이 되면 바이러스는 숙주인 사람이 기침을 하도록 조종합니다. 그러면 사람은 미세한 물질인 바이러스의 명령대로 기침을 합니다. '세상천지를 지배한 것처럼 자부'하며 살아가는 '만물의 영장'으로의 체면은 완전히 구기는 셈이 됩니다. 그러거나 말거나 감기 바이러스는 기침을 통해 공기 중으로 퍼지는 침방울을 타고 또 다른 숙주에 옮겨 가 더 많은 복제를 하며 살아갑니다.

박테리아, 치명적이기만 할까

바이러스처럼 숙주의 몸에서만 살아가는 미생물이 있습니다. 바로 박테리아입니다. 박테리아는 생명이 탄생한 역사로 보면 가장 오래된 생명체입니다. 박테리아를 이야기할 때 바이러스와 마찬가지로, 우선 드는 선입견이 '병원균'입니다. 박테리아나 바이러스가 우리 몸에 들어오면 곧바로 질병에 걸린다고 생각하는 거죠. 물론 바이러스와 박테리아 가운데 치명적인 질병을 일으켜 목숨을 잃게 하는 종류가 없는 건 아닙니다.

그러나 바이러스도 박테리아도 꼭 질병을 일으키는 것만 있는 건 아닙니다. 오히려 우리 몸에 이로운 바이러스나 박테리아도 많습니다. 심지어 몸에 상존하는 박테리아만으로도 모자라서 우리는 비싼 돈 주고 박테리아를 사서 매일매일 몸에 집어넣기도 합니다. 유산균이 대표적인 경우 아니겠어요. 유산균도 분명히 lactic acid bacteria라는 이름의 박테리아입니다.

바이러스나 박테리아를 병원균으로만 인식하는 건 옳지 않습니다. 우리가 늘 몸에 안고 살아가는, 달리 이야기하면 공생하는 대상이지요. 코로나19 바이러스도 완벽한 퇴치보다는 어떻게 공생하느냐를 생각하는 게 더 올바른 대처법이 될 겁니다. 실제로 우리 인류가 겪어온 숱하게 많은 바이러스 가운데 완벽하게 멸종시킨 바이러스는 단 하나, 즉 천연두밖에 없습니다. 굳이 한 가지 덧붙이자면 우역 바이러스도 완전 박멸에 성공했습니다만, 그건 사람에게 질병을 일으키지 않는 바이러스입니다.

엽록체는 한때 박테리아였다?

이같은 상황을 가장 명료하게 설명한 분은 돌아가신 린 마굴리스 선생님입니다. 린 마굴리스는 진화생물학 분야에서 혁혁한 업적을 남긴 분이지요. 그의 대표적 업적은 '공생이론'에 있습니다. 모든 생명은 다른 생명과 공생한다는 겁니다. 『공생자 행성』에서 그는 "우리는 뇌의 이마엽(전두엽)에서 벗어날 수 없듯이, 바이러스로부터도 벗어날 수 없다"라고 단언했습니다. 바이러스와 뇌를 비교할 정도로 바이러스는 벗어날 수 없는 존재라는 것이지요. 더불어 그는 지금 이 순간에도 우리의 피부 안과 밖에는 '수백만 종'의 미생물이 존재한다고 이야기합니다.

그의 공생이론에 의하면 생명의 시작 단계에서 나타나는 광합성은 공생을 통해 이루어진 작용입니다. 앞에서 광합성 작용을 하는 곳은 나뭇잎의 엽록소이고, 엽록소는 특별한 막 구조를 갖춘 엽록체 안에 들어 있다고 했습니다. 그리고 엽록소는 무수히 많은 원반이 복잡한 관으로 연결되어 있다고 했지요. 49쪽 「엽록체의 구조도」 참조 그리고 엽록소의 원반이 바로 세균, 즉 박테리아처럼 보인다고까지 이야기했습니다. 실제로 엽록체는 한때 독립생활을 하던 박테리아였습니다. 우리말로 '남조세균'이라고 이야기하는 시아노박테리아가 그 정체이지요.

시아노박테리아와 숙주세포의 공생

시아노박테리아는 광합성을 통해 물을 분해할 수 있는 유일한 박테리아로, 홀로 독립생활을 했습니다. 그러다가 10억 년 전쯤에 시아노박테리아가 어떤 과정에 의해서든 숙주가 되는 세포에게 잡아먹혔지요. 대개 이런 경우에는 숙주세포 안에서 박테리아가 소화되어 사라지게 마련인데, 시아노박테리아는 사라지지 않았어요. 이 과정 역시 여전한 미스터리 가운데 하나이지만, 분명한 것은 숙주세포의 입장에서 시아노박테리아가 죽지 않고 살아남는 게 생존에 더 유리하다는 걸 알아챘다는 점입니다. 숙주세포 안에서 살아남은 시아노박테리아는 처음에는 바닷속의 조류藻類 몸체 안에, 나중에는 고등식물의 잎 안의 엽록체라는 형태로 발전했습니다. 이쯤 되면 생명이 생명일 수 있는 건 공생을 통해서라는 걸 받아들일 수밖에 없습니다.

10억 년 전의 일을 지금 완벽하게 이해하는 건 불가능합니다. 과학자들 나름대로 여러 증거를 찾으려 애쓰고, 또 다양한 시뮬레이션을 통해 미스터리를 해결하려고 하지만, 워낙 오래전의 일이어서 누구도 정확한 사실을 증명할 도리는 없을 겁니다. 그럼에도 불구하고 분명한 사실은 시아노박테리아가 숙주세포 안에 공생하면서부터 생명은 지금의 생명으로 발달할 토대를 마련했다는 것입니다.

광합성을 통해 에너지를 얻는다는 건 참 놀랍고도 아름

다운 일입니다. 물만 있으면 되는 거잖아요. 달리 말하면 물 속에 들어 있는 산소와 수소만을 이용하는 겁니다. 이 둘을 반응시킬 때 나오는 에너지를 쓰는 겁니다. 환상적인 일입니다. 태양 빛에너지를 이용해 물을 산소와 수소로 분해하고, 그 두 요소를 다시 반응시켜 에너지를 얻고, 다시 물로 되돌리는 것입니다. 반응식으로는 이렇습니다.

$$6CO_2 \text{(이산화탄소)} + 6H_2O \text{(물)} \xrightarrow{\text{햇빛}} C_6H_{12}O_6 \text{(당분)} + 6O_2 \text{(산소)}$$

에너지 위기를 겪는 인류가 해결하려 애쓰는 수소경제의 관문이 바로 그것이겠지요. 수소경제에서는 아무리 많은 에너지를 만들어내도 배출되는 공해가 전혀 없습니다. 다시 에너지원으로 쓸 물이 되돌아올 뿐입니다. 에너지를 얻기 위해 화석연료를 찾을 필요도 없고, 더불어 지금 우리가 가장 걱정하는 지구 온난화 사태도 벌어지지 않을 것입니다. 폭발 위험만 제어할 수 있다면 더 아름답고 깨끗한 지구를 만들어갈 수 있을 겁니다. 아직은 꿈같은 일이지만, 결국은 우리 과학이 언제든 해결해야 할 일이지 싶습니다.

나무의 진화

#겉씨식물 #속씨식물 #은행나무 #원시식물

45억 년 전에 지구가 만들어지고, 35억 년 전쯤에는 바닷속에서 생명이 탄생합니다. 그리고 긴 세월의 적막을 뚫고 4억 년쯤 전에는 바닷속의 생명이 뭍으로 올라옵니다. 처음에 뭍으로 올라온 건 식물이었습니다. 그때의 식물은 양치식물들로, 그 가운데 처음 뭍으로 올라온 건 '나무고사리' 종류입니다. 잎사귀만으로는 우리가 보는 고사리와 다를 게 없지만, 나무고사리는 줄기가 굵고 크게 발달한 식물입니다. 나무고사리 종류는 우리나라의 자연에서는 보기 어렵습니다만, 최근 몇몇 식물원의 열대온실, 특히 국립세종수목원의 열대온실에서는 여러 종류의 나무고사리를 볼 수 있습니다.

나무고사리 다음으로 뭍에서 자란 식물은 침엽수 종류입니다. 침엽수 종류가 서서히 뭍에서 번식에 성공하여, 지구를 푸르게 덮었습니다. 이때는 땅 위에 식물 외의 다른 생물이 존재하지 않았지요. 그때 식물은 바람을 이용해 꽃가루를 옮겨가며 번식을 이뤘습니다. 지금 우리가 '풍매화'라고 부르는 것들 대부분이 그렇습니다.

겉씨식물 침엽수

여기서 조금 헷갈리겠지만, 이 시기의 식물에는 우리가 꽃이라고 부르는 기관이 발달하기 전입니다. 식물학에서 말하는 꽃은 꽃받침, 꽃잎, 수술, 암술의 네 부분으로 구성된 기관을 말하거든요. 특히 암술의 아래쪽에 씨방이 있고, 그 안에 밑씨가 들어 있다는 특징이 있지요. 260쪽 그림 참조 그런데 우리가 흔히 꽃이라고 말할 때는 식물이 열매를 맺기 위해 기능을 하는 모든 기관을 가리킵니다. 예를 들어 봄에 가지 끝에 노란 가루가 촘촘히 맺혔다가 바람에 실려 꽃가루받이를 이루는 송화는 식물학적으로는 꽃이라고 하지 않는다는 겁니다. 바람결에 꽃가루받이가 이뤄지는 소나무의 솔방울에 다닥다닥 맺힌 씨앗은 다른 기관의 보호를 받지 못한 채 그저 껍질

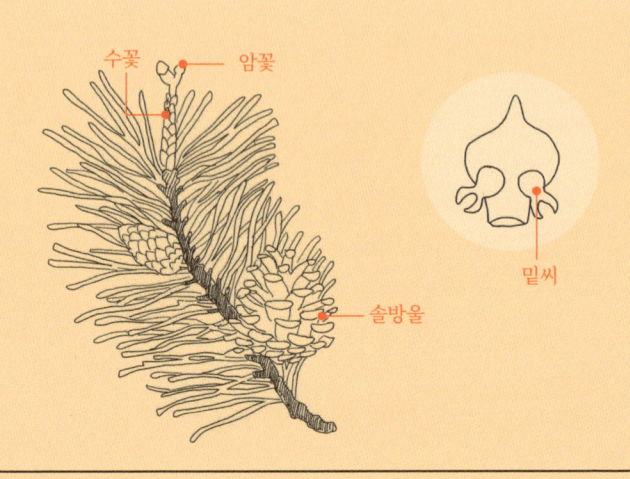

소나무는 겉씨식물로 솔방울에 맺힌 씨앗은 껍질로만 감싸져 있다.

로만 감싸져 있을 뿐입니다. 씨앗이 겉으로 드러난 것이지요. 이런 식물을 겉씨식물이라고 부릅니다.

 겉씨식물에 대응하는 식물이 속씨식물인데, 이는 설명을 좀 뒤로 미루고 우선 겉씨식물을 조금 더 짚어보겠습니다. 거의 모든 겉씨식물이 바늘잎이 달린 침엽수인데, 예외적으로 겉씨식물이면서 넓은 잎을 가진 활엽수로 은행나무가 있습니다. 가끔은 은행나무가 '침엽수냐 활엽수냐?' 질문을 하는 것도 이런 배경 때문입니다. 하지만 이 질문 자체가 옳지 않습니다. 은행나무는 겉씨식물이고, 겉씨식물의 대부분이 침엽수이니, 침엽수겠거니 싶어 하는 질문이겠지요. 하지만 침엽수와 활엽수는 분명히 잎의 생김새만으로 나눈 구분입니다. 그런 기준으로 보면 은행나무는 겉씨식물이기는 하지만 '겉씨식물 가운데는 예외적인 활엽수'에 속한다는 게 가장 올바른 대답일 겁니다.

정충, 식물이 바다에서 진화한 흔적

이 땅에 처음 올라와 번식한 겉씨식물의 하나인 은행나무는 오래된 나무인 만큼 신비로운 이야기가 많습니다. 번식 과정이 그렇습니다. 은행나무도 번식을 위해 씨앗을 맺으려면 수꽃의 꽃가루가 암꽃에 달라붙어야 하겠지요. 특히 은행나무는 암꽃만 피는 암나무와 수꽃만 피는 수나무가 따로 있는 나무잖아요. 그런데 식물학에서는 은행나무 수나무의 수꽃에서 피어나는 생식기관을 '꽃가루'라고 부르지 않습니다. 은행나무의 꽃가루는 '정충'이라고 부릅니다.

은행나무에서 정충을 처음 발견한 건 1896년 일본 도쿄대의 식물학자이자 화가였던 히라세 사쿠고로平瀨作五郎,

1856~1925였습니다. 그는 은행나무 꽃가루를 관찰하다가 다른 꽃가루에는 없는 꼬리를 발견하고, 이를 동물의 정자와 같다고 판단했습니다. 이는 정충을 통해 번식하던 바닷속 생명들의 흔적이라고 결론을 내리지요. 그리고 은행나무처럼 육지에 처음 뿌리 내린 식물에서 바다에서 진화해온 생명의 흔적을 찾을 수 있다고 했습니다.

비슷한 시기에 같은 도쿄대의 식물학자인 이케노 세이이치로池野成一郎, 1866~1943는 은행나무와 함께 소철 꽃가루에서 정충을 발견하면서 원시식물 연구의 쾌거를 이룹니다. 일본 도쿄대 식물원에 가면 그때 정충이 처음 발견된 은행나무와 소철이 여전히 잘 보존되어 있습니다. 그 나무들 앞에는 '정충 발견 은행나무' '정충 발견 소철'이라는 기념비까지 세워놓았습니다.

꽃이 피지 않는 식물들의 번식

4억 년 전쯤부터 그렇게 바닷속 생명의 흔적을 간직한 생명들이 육지에 번식했습니다. 그러다가 1억4천만 년쯤 전에 지구상에는 놀라운 변화가 벌어집니다. 생명의 진화 과정을 연구하던 찰스 다윈조차 맥락을 이해하기 어렵다고 이야기했던 변화이지요. 바로 꽃이

도쿄대 식물원의 정충 발견 소철. 이 소철의 꽃가루에는 다른 꽃가루에서는 발견할 수 없는 꼬리가 발견되어 원시식물의 진화 과정을 보여준다.

피어난 겁니다. 여기서 말하는 꽃은 꽃받침, 꽃잎, 수술, 암술 등 네 가지 요소를 갖추고 있는 식물의 생식기관을 이야기합니다. 물론 꽃 중에는 이 네 가지 중 한두 가지를 가지지 않는 경우도 있습니다. 그런 예외적인 경우를 '안갖춘꽃'이라고 따로 부르기도 하지요.

앞에서 은행나무를 이야기하면서 암꽃, 수꽃이라고 한 것도 식물학 용어상으로는 잘못된 표현입니다. 1억 4천만 년 전까지는 꽃이 없었던 겁니다. 또 침엽수가 번식을 위해 바람에 날려 보낸 것도 꽃가루라고 해서는 안 되겠지요. 꽃이 아니니까요. 여전히 헷갈리는 건 많습니다. 소나무 수꽃 끝에서 노랗게 돋아나는 걸, 우리는 '송화松花', 즉 '소나무꽃'이라고 합니다. 그러나 은행나무나 소나무, 또 거개의 침엽수의 생식기관에는 꽃의 구조를 이루는 기본 요소인 꽃받침도 꽃잎도 꽃술도 없습니다. 그저 생식기관일 뿐인데, 근대 식물학 체계가 뒤늦게 자리 잡게 된 우리 식물학에서는 알맞춤한 용어를 아직 마련하지 못한 겁니다. 우리말을 갑자기 바꿀 수는 없겠지만, 개념은 이해해야 합니다.

꽃이 피지 않으니 암술이 없고, 암술이 없으니 씨방이 없고, 씨방이 없으니, 씨앗이 맺혀도 그를 감쌀 조직 없이 겉으로 드러낼 수밖에 없겠지요.

모든 겉씨식물은 바람을 이용해 번식을 이룹니다. 번식의 성공률을 높이려면 꽃가루를 어마어마한 양으로 늘리는 수밖에 없을 겁니다. 예를 들어 송화 피는 계절이면 소나무 숲에 노란 안개처럼 피어나는 송홧가루 가운데 대관절 꽃가루 몇 그램이 성공하겠느냐 말이지요. 침엽수들은 이 같은 낮은 확률에 기대어 번식을 하느라, 필요 이상으로 많은 꽃가루를 생산하는 겁니다. 그건 사실 식물로서 대단한 낭비입니다만, 별다른 방법은 없었습니다.

난관은 있었지만, 겉씨식물은 대지를 뒤엎을 정도로 번식에 성공했습니다. 그러던 중에 별안간 암술, 수술, 꽃잎, 꽃받침이 있는 꽃이 피었습니다. 고고학자 로렌 아이슬리는 『광대한 여행』이라는 아름다운 책에서 꽃이 피어난 현상을 놓고, '꽃잎 한 장이 세상을 바꾸었다'고 말했습니다. 이건 결코 과장이 아닙니다. 다윈도 당황스러워했을 정도니까요.

속씨식물, 수분의 효율성

꽃이 놀라운 건 침엽수들과는 전혀 다르게 번식한다는 겁니다. 놀라운 일이었습니다. 비밀은 암술에 있습니다. 암술 위쪽에는 꽃가루를 받아들이기 위

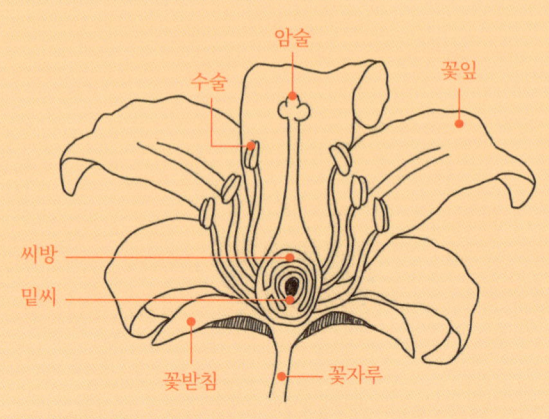

속씨식물의 구조. 암술머리는 열려 있어 꽃가루를 받아들이기 쉽고 암술 아래의 씨방은 씨앗을 보호한다.

한 암술머리가 살짝 열려 있고, 그 아래로 쭉 내려가면 볼록한 부분이 있지요. 그 안에 바로 씨방이 있는 겁니다. 꽃가루받이에 성공한 꽃이 지면 씨방 안에 있는 밑씨가 씨앗으로 성숙하고, 씨방은 과육으로 발달하면서 씨앗을 그 안에 품지요. 씨앗이 속에 들어 있다 해서 속씨식물이라고 부르는 겁니다. 덧붙여 속씨식물이 되려면 꽃이 피어야 하기 때문에 속씨식물을 '꽃식물' 혹은 '현화식물'이라고 합니다.

다윈이 당황한 건 꽃이 발달한 맥락을 찾기 어려워서

였기 때문입니다. 바람결에 번식하는 데 엄청나게 많은 에너지를 소비했던 겉씨식물에서 속씨식물로의 진화 과정이 갑작스럽다는 겁니다. 다른 매개물을 이용할 수 있게 된 속씨식물의 번식 과정의 경제성은 겉씨식물의 번식과 너무나 달랐던 거죠. 그 둘 사이를 잇는 맥락을 찾기 어려웠던 거예요.

꽃은 다른 생물, 즉 곤충을 불러들여서 꿀이나 꽃밥을 좀 내어준 뒤에 곤충의 몸에 꽃가루를 묻히게 하지요. 꽃가루를 잔뜩 묻힌 곤충이 다른 꽃으로 날아 들어갈 때 자연스럽게 꽃가루받이를 이루는 겁니다. 얼마나 효과적인가요. 새로운 방식으로 번식을 이루는 속씨식물은 이전의 겉씨식물처럼 에너지를 낭비하지 않아도 됩니다. 꼭 필요한 만큼의 꽃가루만으로도 충분하게 된 겁니다.

속씨식물의 대부분은 잎의 모양까지 달랐습니다. 그동안의 가는 바늘 모양이었던 잎에서 은행나무처럼 넓은 잎으로 변화한 겁니다. 비로소 지구상에는 침엽수와 다른 활엽수가 나타났습니다. 시작은 번식 방법에 따른 변화였지만, 결과에서는 나뭇잎의 모양까지 바꾼 획기적인 변화였습니다. 활엽수와 침엽수의 차이는 식물 진화 과정의 매우 중요한 계기이자 증거입니다.

숲은 어떻게 이루어지는가

#소나무 #신갈나무 #천이 #타감효과 #극상림

숲은 살아 있는 생명체입니다. 숲은 여러 다양한 생명체들이 모여서 때로는 서로 먹고 먹히는 먹이사슬을 이루기도 하고, 또 때로는 복합적으로 상호 의존하면서 이룬 거대한 생태계입니다. 무엇보다 숲이라는 생태계는 생명체처럼 끊임없이 변화합니다. 살아 있는 생명치고 멈춰 있는 건 없으니까요.

숲의 자연스러운 변화 과정을 '천이遷移'라고 합니다. 숲의 천이 과정을 살펴보지요. 산불이나 태풍 같은 자연현상으로 망가져서 풀 한 포기 없는 황폐한 산이 있다고 하죠. 이 숲에 먼저 들어가는 식물은 대개 뿌리가 얕은 식물들입니다. 우리 숲의 경우라면 진달래가 뿌리가 얕은 식물에 속합니다. 진달래처럼 황폐한 땅에 처음 들어가는 식물을 '개척자 식물'이라고도 합니다.

진달래는 곰팡이의 도움을 받는다

여기서 우리가 먼저 알아야 할 것은 세상의 어떤 생명체도 홀로 살아가지는 않는다는 사실입니다. 앞서 공생이론에서도 다루었듯이 겉으로 보기에는 홀로 서 있는 듯하지만, 그 몸에는 숱하게 많은 미생물이 공생하고 있습니다. 사람도 동물도 식물도 마찬가지입니다. 진달래도 겉으로는 단독 생명체처럼 보이지만, 그의 몸체 안에는 사람의 맨눈으로 확인하기 어려운 다양한 미생물이 포함돼 있습니다. 미생물 없이는 생명을 이어가는 게 불가능합니다.

진달래가 처음 자리 잡을 때 가장 많은 도움을 주는 건 곰팡이균이라고 합니다. 진달래와 함께 사는 곰팡이균은 진달래의 생존을 도울 뿐 아니라, 진달래가 뿌리 내린 땅을 비옥하게 일구는 역할을 합니다. 진달래와 함께 황폐한 숲에 이르게 찾아오는 생명으로 칡과 같은 덩굴식물이 있습니다. 칡 역시 다른 미생물과 공생하면서 이 숲에 다른 생명이 들어와 살 수 있도록 일궈나가는 데 앞장섭니다.

시간이 흐르는 동안 어디에선가 진달래, 칡을 비롯한 식물을 먹이로 하는 누군가가 이 숲을 찾아옵니다. 먹이가 있는 곳이라면 생명체는 반드시 들어오게 돼 있습니다. 시간은 걸립니다만, 어김없는 일입니다.

이때 진달래잎을 먹이로 하는 곤충이라든가, 혹은 진달래꽃을 따 먹고 살아가는 새가 있다고 예를 들어보지요. 그 새는 진달래를 찾아오기 전에 어디에선가 다른 열매를 먹고 그 열매의 씨앗이 배 속에 든 채로 찾아올 수 있습니다. 그뿐만 아니겠지요. 날아오는 동안에 공기 중에 떠다니는 다른 식물의 씨앗이나 눈에 보이지 않는 미생물이 몸에 붙은 채 유입될 겁니다. 그럼 진달래 옆에 머무르는 동안 배 속에 들어 있던 씨앗은 배설물과 함께 땅에 떨어질 것이고, 깃털에 달라붙었던 씨앗이나 미생물도 자연스레 이 땅에 내려앉겠지요. 곰팡이균의 도움을 받으며 비옥하게 가꾼 땅에 떨어진 씨앗들은 새 하늘, 새 땅에 적응하며 자랍니다. 그렇게 하나둘 진달래 곁에는 다른 식물들과 미생물이 자라게 됩니다.

타감효과,
바늘잎나무들의 생존법

이 과정에서 진달래 다음으로 이 숲에 먼저 적응하는 식물은 침엽수 종류의 나무들입니다. 우리 숲을 기준으로 하면 소나무가 대표적이겠지요. 진달래 곁에서 자라게 된 소나무는 그러나 근심이 많습니다. 근심의 원인은 바로 잎사귀에 있습니다.

소나무 잎은 바늘잎이잖아요. 잎은 양분을 만드는 공장입니다. 그런데 이 공장의 규모가 작은 겁니다. 생산물을 내려면 원재료를 저장해야 할 텐데 잎이라는 광합성 공장의 규모가 작다 보니, 원재료인 햇살과 이산화탄소와 물을 저장할 공간도 적은 겁니다. 아무리 햇살이 좋은 날이라 해봐야 잎이 저장할 수 있는 햇살과 이산화탄소와 물의 양은 제한적일 수밖에 없지요. 그래서 소나무는 곁에서 다른 식물들이 자라면서 그렇잖아도 모자란 광합성의 기초 재료를 빼앗길까 봐 근심을 할 수밖에 없는 겁니다.

결국 소나무는 곁에서 다른 식물이 자라지 못하도록 독을 뿜어냅니다. '독毒'이라고 했지만, 사람에게 영향을 미치는 독은 아니고, 경쟁하는 다른 식물들을 쫓아내는 성분입니다. 자기 영역 안에서 물과 이산화탄소와 햇살을 빼앗기지 않으려는 안간힘이죠. 이걸 타감물질他感物質이라 하고, 타감물질 탓에 다른 식물이 자라지 못하는 걸 타감효과라고 합니다. 실제로 소나무 뿌리 곁에서는 다른 식물이 자라지 않는 걸 확인할 수 있습니다.

신갈나무가 숲의 주인이 되기까지

그러나 생명살이가 모두 그렇듯이 예외는 늘 존재합니다. 산을 오르내리다 보면 소나무 곁에서 도담도담 자라는 어린 식물을 볼 수 있을 겁니다. 그건 대개 신갈나무일 겁니다. 우리나라의 남부지방으로 가면 신갈나무보다 서어나무가 더 많기는 하지만, 전반적으로 신갈나무 비중이 높지요. 신갈나무는 옛 어른들이 흔히 '도토리나무'라고 부르는 여러 종류의 나무 가운데 하나입니다. 도토리를 맺는 나무라 해서 도토리나무라고 부르지만, 식물분류학에서는 이 종류의 나무를 '참나무과'로 분류합니다. 신갈나무는 참나무과 중에도 잎이 가장 넓은 나무입니다.

소나무 곁에서 자라는 나무는 대부분 신갈나무일 겁니다. 이유는 신갈나무의 잎에서 찾을 수 있습니다. 신갈나무는 어린 시절부터 그 잎이 어른 손바닥 크기를 넘을 만큼 큽니다. 소나무나 신갈나무나 잎이 양분을 제조하는 건 똑같습니다. 그런데 신갈나무의 양분 제조 공장인 잎이 소나무에 비해 훨씬 크다는 거죠. 자연히 햇살과 이산화탄소와 물을 저장할 공간이 넉넉할 테고, 당연히 지어내는 양분도 많겠지요. 소나무가 내뿜는 타감물질에 영향을 받지 않는 건 아니지만, 양분을 넉넉히 생산하는 신갈나무라면 타감물질을 이겨낼 힘이 있는 겁니다. 옛 어른들 이야기대로 '밥심'으로 사는 거지요.

이제 소나무 곁에서 신갈나무가 무럭무럭 자랍니다. 생산하는 양분이 많으니 자라는 속도도 빠릅니다. 한참의 시간이 흐르면 신갈나무가 마침내 소나무보다 더 크게 자랍니다.

이때 이 숲에는 새로운 변화가 찾아옵니다. 소나무로서는 큰 위기에 부닥치게 됩니다. 무엇보다 햇살이 문제입니다. 잎이 넓은 신갈나무는 넓은 그늘을 드리우게 됩니다. 그 그늘이 넓어지면 애면글면 삶을 이어오던 소나무는 햇살을 받을 수 없게 됩니다. 그동안 번성하던 소나무는 서서히 스러질 차례입니다.

마침내 이 숲은 신갈나무 숲이 됩니다. 그 상태로 숲은 오래도록 번성합니다. 그 숲을 생태학에서는 '극상림極相林'

이라고 부릅니다. 즉 숲의 천이 과정 중 생태계가 기후 조건에 맞게 발달한 마지막 단계라는 거지요.

 잎의 크기 차이가 생명살이의 과정에서 이처럼 결정적인 변화를 가져온 겁니다. 잎 하나가 뭐 그리 중요할까 무심히 넘어갈 수 있겠지만, 실제로는 식물의 생살여탈권을 쥐고 있습니다.

나뭇잎의 구조조정
#측백나무 #잣나무 #침엽수 #수관기피현상 #광합성

천리포수목원에는 측백나무 종류를 담벼락처럼 줄지어 심어 키우던 자리가 있었습니다. 측백나무 종류는 위로 올라가면서 뾰족하게 자라는 고깔 모양을 이룹니다. 뾰족한 고깔 모양의 나무들이 서로 어깨를 맞대고 이룬 자연 담장은 얼마나 예뻤겠어요. 일고여덟 그루의 나무가 줄지어 서서 멋진 풍경을 이루던 때는 20년쯤 전입니다. 조금은 이국적인 풍경이라고 해도 될 만큼 아름다운 담벼락이었습니다. 이 담장 이야기를 과거형으로 쓴 건, 그 가운데 몇 그루가 쓰러지거나 죽는 바람에 담벼락이 사라졌기 때문입니다.

지금으로부터 15년쯤 전의 어느 여름에 천리포수목원

에 태풍이 불어닥쳤습니다. 이때 줄지어 섰던 여러 나무 가운데 중간에 서 있던 한 그루의 줄기가 부러지면서 넘어갔습니다. 담벼락을 이루던 아름다운 풍광이 사라진 건 물론이고, 바람막이 구실도 하기 어려워졌습니다. 가운데 바람의 통로가 생긴 탓에 양옆에 늘어섰던 나무들도 바람을 견뎌내지 못하고 제대로 살지 못했습니다. 아무리 성의를 다해 나무를 보호하는 수목원이라 할지언정 나무도 자연의 흐름을 피할 수 없다는 걸 체감했습니다.

여러 그루의 측백나무 종류 가운데 몇 그루는 아직 살아 있습니다. 이 나무들에서 특별한 현상이 드러났습니다. 보기에 따라서 흉측하다고 할 수도 있는 모습입니다. 즉 나뭇가지 끝부분에는 초록 잎사귀들이 아주 빽빽하게 차 있는데, 줄기 안쪽으로는 초록 잎이 하나도 없이 그저 시커먼 가지만 무성하게 돋아났습니다. 다른 나무와 맞붙어 있는 동안에는 전혀 알 수 없었지만, 곁에 있던 나무가 쓰러지자 나뭇가지 안쪽을 볼 수 있게 된 겁니다.

처음부터 이 자리에 잎이 없었을까요? 그건 아닙니다. 처음에는 모든 가지에 초록 잎이 촘촘히 돋아 있었을 겁니다. 그러나 나무가 살아가는 동안에 나뭇가지 안쪽의 잎들이 저절로 떨어진 겁니다. 왜 그랬을까요? 나무가 잘 자라려면 이파리 한 장이라도 더 돋워내서 광합성을 하는 게 유리할 텐데요.

측백나무, 이파리도 탈락시킨다?

결론부터 이야기하자면, 나무는 광합성을 제대로 하기 어려운 잎은 필요 없다고 판단하기 때문에 스스로 덜어냅니다. 즉 일하지 않는 잎은 존재할 가치가 없다는 거죠. 아주 냉정한 생명의 원리가 적용된 겁니다.

나무는 처음에 조금이라도 더 많은 양분을 짓기 위해 잎을 촘촘히 돋워냅니다. 무성하게 잎을 내다 보니, 가지 전체에 빽빽하게 나뭇잎이 들어차겠지요. 더 많은 광합성을 하기 위한 결과이지만, 여기에는 딜레마가 있습니다. 나뭇가지 끝에 더 많은 잎을 돋워낼수록 무성한 잎 아래쪽에 그늘이 짙어집니다. 그러면 나뭇가지 안쪽의 잎에는 햇살이 닿지 않게 됩니다. 뿌리에서 물을 끌어올리고, 공기 중에서 이산화탄소를 빨아들여서 광합성 할 채비를 모두 마쳤지만, 그늘 짙은 곳의 잎에는 결정적으로 햇살이 닿지 않아 광합성을 못합니다. 나무로 보면 낭비입니다. 광합성도 하지 않으면서 뿌리에서 물을 빨아올리고, 공기에서 이산화탄소를 흡수하니 말입니다. 그 잎들이 가로채는 물과 이산화탄소를 햇살 닿는 자리의

측백나무 가지 끝부분에는 잎사귀들이 빽빽한데,
줄기 안쪽으로는 잎이 하나도 없이 가지만 무성하다.
햇빛이 닿지 않아서 광합성을 못하는 곳의 잎들은 떨궈냈기 때문이다.

잎에게 나눠주는 게 유리하겠지요. 결국 나무는 광합성을 하지 못하는 잎들을 쓸모없다고 판단하고 덜어낸 것입니다. 여러 그루의 나무가 줄지어 서 있을 때는 가려졌던 부분이 드러나면서 침엽수의 생존 전략을 확인할 수 있었습니다.

　광합성을 하지 못하는 잎을 탈락시키는 현상은 대개의 침엽수에서 볼 수 있는 흔한 현상입니다. 특히 침엽수 숲에서 그렇습니다. 잣나무 숲으로 유명한 경기도 가평의 '잣향기푸른숲'이라는 숲을 여러 동무들과 산책하던 경험이 있습니다. 잣나무는 곧게 뻗어 오르는 수형이 아름다워 잣나무 군락은 그 자체로 아름답습니다. 그런데 잣나무 숲을 산책하다 보면, 곧게 솟아오른 줄기 곁으로 뻗은 나뭇가지의 상당 부분이 이상하다 싶을 정도로 부러지거나 썩어 시커멓게 타 들어간 걸 볼 수 있습니다. 마치 죽은 것처럼 보이지요. 함께 산책하던 한 친구가 왜 나무들이 죽어가느냐고 묻더군요. 그러나 그건 오히려 조금이라도 더 효과적으로 살기 위해 안간힘을 낸다는 증거입니다. 즉 쭉 솟아오른 꼭대기 부분의 푸른 잎이 지어낸 그늘에 가린 아래쪽 잎들은 광합성 효율이 낮아 떨어진 결과인 거죠.

나무의 또 다른 생존 전략

 같은 이치로, 나무에 나타나는 현상 가운데 수관기피 현상이라는 게 있습니다(영어로는 'crown shyness'라고 부르는 현상입니다). 대개의 숲에서 볼 수 있지만 특히 침엽수 숲에서 보다 또렷하게 볼 수 있는 현상이지요. 수관기피 현상 역시 나무가 효율적으로 광합성을 하기 위한 생존 전략의 하나입니다.

 이 현상을 처음 기록으로 남긴 건 1920년대라고 합니다. 나무의 빛을 수용하는 부분에서 빛을 알아채고 주변을 인식해서, 곁의 나무와 일정한 거리를 두는 전략이죠. 서로의 양분 제조 과정, 즉 광합성을 훼방하지 않도록 거리를 유지하는 겁니다. 그런데 나무가 빽빽이 들어찬 숲에서는 그 거리를 유지하기 쉽지 않겠지요? 그러다 보니, 나무들은 좁은 자리를 마치 퍼즐 맞추듯 차곡차곡 채워가되, 서로의 햇살을 방해하지 않는 겁니다.

 실제로 숲에 들어서서 하늘을 올려다보면 아주 촘촘히 맞춘 퍼즐처럼 나뭇가지들이 서로의 사이에 아주 좁지만 명백하게 거리를 두고 있습니다. 신기합니다. 궁극적으로는 광합성을 위한 전략이지만, 수관기피 현상에는 몇 가지 덧붙일 이유가 있습니다. 나무 사이에 거리가 가까우면 바람이 불 때 서로 부딪치며 부러질 수도 있고, 또 가까이 붙어 있으면 해충이 옮겨 다닐 통로가 만들어지기도 합니다. 그건 우리가 코로나 바이러스 감염병으로 사람들 사이에 2미터 이상의 거리를 두어 전염을 막으려 했던 이치와 같은 겁니다.

나뭇잎은 미래를 예측한다
#느티나무 #이팝나무 #천기목

이 땅의 큰 나무는 사람살이를 지켜왔습니다. 나무 앞에서 제를 올리며 사람들은 소원을 빌었고, 그 간절한 소원을 나무는 하늘 높은 곳에 전하며, 마을에서 사람들과 오래 살아왔습니다. 언제나 나무는 사람 편이라고 생각했던 옛사람들은 나무를 바라보며 다가올 미래를 예측하기도 했습니다. 대표적인 경우가 이른 봄에 나무에서 피어나는 잎의 상태를 보고, 한 해 농사의 결과를 짐작한 것입니다.

나뭇잎으로 미래를 예측하는 경우는 일일이 세기 어려울 정도로 많습니다. 경상북도 울진의 작은 마을인 신흥리에 서 있는 오래된 느티나무도 그런 경우입니다. 이 나무에서 봄에 틔우는 새잎은 농사를 어떻게 지을지 관측하는 기상대와 같은 역할을 합니다. 즉 느티나무의 잎이 아래서부터 위로 천천히 피어오르면 빗물로 벼를 키우는 천수답天水畓부터 모내기를 하고, 위에서 아래쪽으로 내려오면서 피어나면 습답濕畓부터 모내기를 하며, 순서를 따지기 어려울 만큼 나뭇가지 전체에서 잎이 피어나면 모내기도 한꺼번에 해야 한다고 믿어왔다는 겁니다.

오랜 경험을 바탕으로 전설이나 미신처럼 민간에서 전하는 이야기지만 꼼꼼히 따져보면 과학적 실마리를 찾아볼 수도 있어 흥미롭습니다. 천수답은 습답에 비해 물이 많지 않은 논밭을 이야기합니다. 땅에 습기가 많은 기후일 때는 느티나무잎이 아래서부터 위로 오르면서 피어나겠지요. 그런 기후라면 천수답에도 습기가 넉넉히 차오를 겁니다. 모가 뿌리를 잘 내리려면 물기가 넉넉해야 하는데, 이런 기후에서라면 일찌감치 습기가 넉넉해지는 천수답에서부터 모내기를 하면 좋겠지요. 그러나 거꾸로 잎이 위에서부터 아래로 피어난다는 건, 땅 쪽의 습기가 적다는 거죠. 천수답에는 물이 제대로 차지 않았을 테고요. 그러니 천수답은 뒤로 미루고 물기가 많은 습답부터 모내기를 해야 유리하다는 판단인 겁니다.

물론 잎 피어나는 순서를 좌우하는 게 습기만은 아닐

겁니다. 게다가 한 그루의 나무에서 높이에 따라 공기 중의 습도를 측정하는 건 과학적이라고 하기 어렵습니다. 하지만 별다른 기상 관측법이 없던 시절에 나무의 생태는 기후를 예측하는 유일한 근거였지요. 특히 느티나무의 잎이 트는 시기는 농촌에서 모내기를 해야 하는 시기와 일치하기 때문에 풍년의 소망이 간절한 농부들로서는 느티나무에 기댈 수밖에 없었던 겁니다. 울진 산골의 느티나무가 농사 방법의 기준이면서 동시에 풍년을 기원하는 나무이기도 한 이유입니다.

나무의 상태로 풍흉을 읽다

남부의 농촌 마을이라면 어김없이 적어도 한 그루 이상씩 심어 키우는 이팝나무도 비슷한 예일 겁니다. 크고 오래된 이팝나무가 있는 마을에서는 이팝나무꽃이 한꺼번에 잘 피어나면 풍년이 들고, 성글게 피어나면 흉년이 든다고 믿었습니다. 여기에도 과학이 담겨 있지요. 이팝나무꽃은 모내기 철에 피어나는데, 이때 꽃이 잘 피어나려면 습도도 충분하고 햇살도 따뜻해야 할 겁니다. 그건 모가 뿌리를 잘 내릴 수 있는 조건과 똑같습니다. 결국 이팝나무꽃이 잘 피어났다는 건 모가 뿌

농촌 마을에서는 이팝나무꽃이 한꺼번에 잘 피어나면 풍년이 든다는 설을 믿어왔다.

리를 잘 내려 튼튼하게 자라서 알곡을 풍성하게 맺을 조짐이라는 거죠.

때로는 근거를 알기 어려운 경우도 있습니다. 전라남도 장흥에 있는 천연기념물 푸조나무가 그렇습니다. 장흥 어산리 푸조나무는 그 나뭇잎이 늦게 피거나, 고루 피지 않을 경우, 질병 또는 재난으로 나라가 어지럽다고 합니다. 반대로 잎이 고루 피면 나라가 태평하고 풍년이 든다고 하는 전설이 있습니다. 나뭇잎 상태만으로 나라의 태평을 예측한다는 건데, 그건 아무래도 과학적 근거를 찾기 어려운 예측이지 싶습니다. 하기야 잎이 제대로 피지 않을 경우에 나라가 어지러워진다고 하는 건, 자연에 기대어 살아온 옛사람들의 사고방식이라고 어림짐작할 수도 있습니다. 치산치수를 나라 경영의 제일 원리로 보았던 때 나라를 잘 다스리면 날씨도 좋을 것이고, 날씨가 좋으면 나뭇잎이 제대로 피지 않을 리 없다는 생각에서 지어진 이야기 아닐까 싶은 겁니다.

이런 특별한 경우를 제외하면 나무의 상태는 농부들이 꼼꼼히 살피는 풍흉의 기미였던 게 분명합니다. 그 예를 몇 가지만 더 간단히 소개하지요. 엇비슷하면서도 약간의 차이가 있는 이야기들입니다. 우선 천연기념물인 인천 신현동 회화나무는 꽃이 나무 위쪽에서 먼저 피면 풍년이 오고, 아래쪽에서 먼저 피면 흉년이 든다고 예측했다 합니다. 근거를 알기 어려운 이야기이지요. 또 인동장씨의 시조가 심었다고 하는 경상북도의 청송 신기리 느티나무는 나무의 아래위에서 동시에 잎이 피어나면, 또 청도 덕촌리 털왕버들은 봄에 잎이 한 번에 돋아나면 풍년이 든다고 믿어왔다는 거죠. 일일이 예를 들자면 한이 없을 정도로 나무의 상태를 보고 농사의 풍흉을 점친 경우는 흔하디흔합니다. 과학적 근거를 찾기 어렵기는 하지만 모두가 풍년을 기원하는 간절한 바람이 나무에 담긴 이야기입니다.

자연에는 예측의 단서가 존재한다

그런데 꼭 우리 조상들만 그런 건 아닌 듯합니다. 서양에서도 나뭇잎의 상태는 농부들에게 훌륭한 미래 예측 도구였던 듯합니다. 과학 저술가로 널리 알려진 리처드 도킨스의 대표적인 저술 『이기적 유전자』에도 비슷한 이야기가 나옵니다. 도킨스는 이 책에서 야생 조류의 번식 과정을 이야기하면서 "농촌 사람들 사이에는 예컨대 호랑가시나무 열매의 많고 적음이 이듬해 봄 날씨를 예측하는 좋은 수단이 될 수 있다는 것과 같은 속

설들이 많다"면서, 호랑가시나무 열매가 미래 예측의 과학적 근거라고 하기는 어려워도, 자연의 세계에는 필경 이 같은 예측의 단서들이 존재한다고 덧붙였습니다.

나뭇잎으로 미래를 예측한 이야기들은 사실 과학의 시대인 지금으로서 그다지 신뢰하기 어려운 게 사실입니다. 앞에서는 그 이야기에 단서가 될 만한 근거를 일부러 몇 가지 덧붙였습니다만, 그게 한 치의 오차도 허용하지 않는 과학의 시대에 가당키나 하겠습니까. 그러나 지금 우리의 눈으로만 과거를 바라보는 건 옳은 태도가 아닙니다. 옛사람들에게 나뭇잎이 어떤 의미였는지를 짚어보는 것만으로도 우리 곁의 나무에 대한 생각이 조금은 달라지지 않을까 싶은 겁니다.

이야기 속 나뭇잎 4

법정 스님의 수목장 나무는 무엇일까?
후박나무·일본목련

나무 이야기를 하면서 자주 겪게 되는 당황스러운 일이 있습니다. 나무에 대해 잘못된 지식이 상식처럼 널리 알려진 경우입니다. 이를테면 모두가 아카시아나무라고 부르는 나무의 학명이 '가짜 아카시아'라는 사실을 아시나요?

대개 나무 이름 때문에 부닥치는 일입니다. 이를테면 우리나라의 절집에서 공들여 심어 키우는 나무 가운데 보리수나무가 있습니다. 절집에서는 이 나무를 석가모니부처가 성불하는 과정에서 그늘을 이룬 나무라고 해서 보리수나무라고 부르지만, 실제로는 석가모니부처의 성불을 도와준 인도보리수라는 나무는 우리나라 기후에서 자랄 수 없는 나무입니다. 우리의 보리수나무와는 전혀 다른 나무이지요. 게다가 절집에서 보리수나무라고 부르는 나무는 우리 땅에서 자라는 보리수나무도 아니고 피나무 종류가 대부분이거든요. 그 사실을 알고 있다 해도 절집에 가서 스님께 "저 나무는 석가모니부처가 성불에 들 때 들어 계시던 인도보리수나무가 아니라

피나무입니다"라고 이야기하는 게 여간 조심스러운 게 아니에요. 절집에서 신성시하는 나무에 대한 무례처럼 느끼실 수 있을 테니까요. 저 스스로도 아직 아는 것보다는 알아야 할 것이 더 많은데, 얄팍한 지식을 뽐내는 교만함처럼 여겨질까 봐 걱정스럽고요.

최근에 이처럼 난감한 경우가 또 있었습니다. 법정 스님의 입적 전후에 있었던 일입니다. 아름다운 글을 많이 남기셔서, 불자가 아니더라도 많은 분들의 존경을 받는 스님이지요. 법정 스님은 손수 나무를 심어 키우는 데도 열심이셨지요. 스님이 심어 키우면서 글에도 소개한 나무 가운데 후박나무가 있습니다. 이 나무는 스님이 입적하신 뒤에 유해를 모신 수목장 나무이기도 하죠. 또 스님의 삶을 이야기할 때 빼놓지 않고 함께 소개하는 나무입니다. 어떤 프로그램이든 모두 이 나무를 '후박나무'라고 이야기합니다.

그러나 그 나무는 후박나무가 아닙니다. 사실 법정 스님뿐 아니라 굉장히 많은 분들이 헷갈리는 나무입니다. 참 덕스러운 이름이어서 문학작품에도 자주 등장하지만, 실제로 많은 작품에서 후박나무라고 이야기한 나무의 8~9할은 틀렸습니다. 대개는 일본목련 *Magnolia obovata* Thunb.을 후박나무로 잘못 부른 것입니다. 시인뿐 아니라, 독자들도 마찬가지입니다. 특

후박나무(왼쪽)와 일본목련(오른쪽)

히 중부지방에 사시는 분들이 말하는 후박나무의 상당 부분은 일본목련이기 십상입니다.

진짜 토종의 후박나무는 따로 있습니다. 우리의 후박나무 *Machilus thunbergii* Siebold&Zucc. ex Meisn.는 남녘 바닷가에서 잘 자라지만 중부지방에서는 살 수 없는 나무입니다. 5월쯤 가지 끝에서 조롱조롱 모여서 피어나는 꽃 한 송이 한 송이는 매우 작아서 일본목련처럼 크지 않습니다. 잘 자라면 20미터 넘게 자라는 우리 토종의 후박나무는 상록성 활엽수로, 줄기도 굵게 발달하고 나뭇가지가 사방으로 넓게 퍼져서 매우 푸근한 나무입니다. 남해안 지역에서는 후박나무를 느티나무나 팽나무처럼 정자나무로 쓰기도 하지요.

한편 후박나무라고 잘못 부르는 나무, 즉 일본목련은 일본이 고향인 목련 종류입니다. 꽃도 크고 잎도 큰 나무 전체의 생김새에서 후덕한 인심을 연상하게 해 후박나무라는 이름과 잘 어우러지기도 합니다. 게다가 이 나무의 일본식 한자 표기

일본목련꽃(왼쪽)과 후박나무꽃(오른쪽)

가 후박厚朴인데, 우리나라에 들여올 때, 우리의 후박나무 존재를 알지 못했던 사람들이 일본의 한자 이름을 그대로 불러온 겁니다.

일본목련과 후박나무를 구별할 수 있는 특징은 여러 가지가 있습니다. 우선 꽃이 다릅니다. 일본목련은 6월에 목련을 닮은 하얀 꽃이 피지만, 후박나무는 5월에 지름 1센티미터도 채 되지 않는 작은 꽃이 우윳빛으로 가지 끝에 모여 피어납니다. 또 다른 차이는 나뭇잎에 있습니다. 일본목련의 잎은 어긋나기로 돋아나거나 혹은 가지 끝에서 모여나기 방식으로 돋아납니다. 실제로 눈에 잘 띄는 건 어긋나기보다 나뭇가지 끝에서 여러 장의 길쭉하고 큼지막한 잎이 모여난 모양입니다. 그 잎 한 장의 길이가 무려 40센티미터나 되고, 폭은 20센티미터 넘을 정도로 큽니다. 그런데 후박나무의 잎은 일본목련처럼 가지 끝에서 모여나기로 돋은 것처럼 보이지만, 자세히 살펴보면 어긋나기 형식입니다. 거기까지 살피지 못한다 해도 잎이 두껍고 표면이 반들거리는데, 잘 큰 잎이라고 해봐야 길이가 15센티미터 정도밖에 안 됩니다. 일본목련의 잎과는 비교할 수 없을 만큼 작은 거죠. 더 큰 차이는 후박나무는 상록성이지만, 일본목련은 낙엽성이라는 겁니다. 가을 지나 잎이 남아 있느냐 계속 붙어 있느냐를 보면 구별이 가능합니다.

이 정도면 후박나무와 일본목련은 충분히 구별할 수 있습니다. 두 나무의 특징을 잘 알고 구별도 할 수 있는 상태에서 불일암에 가서 법정 스님의 유해가 안치된 나무를 한번 볼까요. 누가 봐도 이건 후박나무가 아닌 일본목련입니다.

법정 스님은 손수 심어 키운 이 일본목련을 평생 후박나무로 알고 계셨고, 생전에 쓰신 글에서도 여러 번 후박나무라고 쓰셨습니다. "잠옷 바람으로 뜰에 나가 후박나무 아래 놓인 의자에 앉아 밤이 이슥하도록 혼자서 달마중을 했다. 그날 밤은 초가을처럼 하늘이 드높게 개어 달빛 또한 맑고 투명했다. 달빛을 베고 후박나무도 잠이 든 듯 미동도 하지 않다가, 한줄기 맑은 바람이 스치고 지나가면 모로 돌아눕듯 잎새들이 살랑거렸다"(「도라지꽃 사연」에서)라든가 "고개를 들어 후박나무잎 사이로 흘러가는 구름도 보고, 그 그늘 아래서 온갖 새들의 맑은 목청에 귀를 모으기도 한다. 이런 때 문득 후박나무에 고마운 생각이 든다"(「소유의 굴레」에서) 등이 모두

이 일본목련을 두고 쓰신 글입니다.두 글 모두 『버리고 떠나기』(샘터, 1993)에 수록되어 있다 더불어 스님은 입적하시면 이 나무 아래 묻어달라고 부탁하셨다고 했고, 또 절집에서는 나무 앞에 간단한 사연과 함께 그 이름을 후박나무라고까지 명시했어요.

후박나무와 일본목련의 이름에 대해 불일암 스님께 말씀을 드려야 할지 말아야 할지 정말 망설여질 수밖에 없습니다. 나무를 심고 키우며 그 덕을 생각하셨던 스님의 아름다운 생각을 짚어보는 것만으로도 고마운 일인데, 그 앞에서 나무 이름이 잘못됐다느니, 법정 스님이 처음부터 틀렸다느니 이야기하는 건 조심스러울 수밖에 없는 일입니다.

오랫동안 일본목련을 후박나무로 불러온 탓에 바로잡는 데도 적지 않은 시간이 걸리겠지요. 하지만 반드시 고쳐 불러야 합니다. 우리 토종 나무의 오래된 이름을 일본에서 들여온 나무에 빼앗기는 일은 없었으면 좋겠습니다.